Alessandro Cordasco, Camillo Cordasco

Fiat CR.42

The Fiat CR.42, designed by engineer Celestino Rosatelli in 1936, has the undoubted characteristic of being the last single-seat fighter biplane to be manufactured during the Second World War. It represents the final evolution of the Fiat aircraft series: from CR.30, CR.32, CR.33, CR.40 to CR.41, which were made during the 1935–1938 period in Turin. The prototype flew for the first time on 23rd of May, 1938. About 1800 Fiat CR.42's were built, divided into 15 construction series. There were no productive variants but only small changes along the series due to a various operational uses. Despite that it was technically outclassed by the opposing aircrafts, it honored his duties thanks to skills and sacrifices of the Regia Aeronautica pilots, who flew them at almost all fronts of war. CR.42 was also successfully exported and used in Belgium (Aeronautique Militaire Belge), Hungary (Magyar Kiraly Hoved Légiéro), Germany (Luftwaffe) and Sweden (Flygvapnet). Surviving aircraft were deployed in the post-war era by the Scuola Caccia Aeronautica Militare Italiana Lecce-Galatina airfield and for secondary services in Milano-Linate airfield during the 1950s, both single-seater and two-seater version.

The Fiat CR.42's highest evolution moment was the installation of the MM 469 12-cylinder in line Alfa Romeo RA 1000 R 41 (Daimler Benz DB 601A) engine instead of the 14-cylinder radial Fiat A 74 RC. 38, which significantly increased its performance to a speed of 520 km/h. It makes it the fastest biplane in the history.

Fiat CR.42 został zaprojektowany przez inżyniera Celestino Rosatelliego w 1936 r. Był to ostatni dwupłatowy, jednomiejscowy myśliwiec produkowany w czasie II wojny światowej. CR.42 był ostatecznym owocem linii myśliwców Fiata: od CR.30, CR.32, CR.33, CR.40 do CR.41, które produkowano w latach 1935–1938 w Turynie. Prototyp CR.42 oblatano 23 maja 1938 r. Wyprodukowano około 1800 egzemplarzy Fiatów CR.42, w 15 seriach produkcyjnych. Nie projektowano osobnych wersji samolotów, a poszczególne serie miały jedynie drobne różnice wynikające z konkretnych zadań, do jakich je przewidywano. Mimo że CR.42 ustępował technicznie myśliwcom przeciwnika, samolot sprostał swym zadaniom głównie dzięki umiejętnościom i poświęceniu pilotów Regia Aeronautica, którzy latali na *Falco* niemal na wszystkich frontach II wojny światowej.

CR.42 był eksportowany do Belgii (Aeronautique Militaire Belge), Węgier (Magyar Kiraly Hoved Légiéro), Niemiec (Luftwaffe) i Szwecji (Flygvapnet). Samoloty, które przetrwały działania wojenne, były wykorzystywane po wojnie w Szkole Myśliwców Włoskiego Lotnictwa Wojskowego w bazie Lecce-Galatina. Do drugorzędnych zadań wykorzystywano je również na lotnisku Milano-Linate w latach 50. (zarówno wersje jedno-, jak i dwumiejscowe).

Najbardziej zaawansowanym wariantem Fiata CR.42 była wersja z 12-cylindrowym rzędowym silnikiem Alfa Romeo RA 1000 R 41 (Daimler Benz DB 601A) zamiast 14-cylindrowego gwiazdowego silnika Fiat A 74 RC.38. Samolot napędzany silnikiem rzędowym nosił numer seryjny MM 469. Nowy napęd znacznie poprawił osiągi maszyny i pozwalał jej rozwijać prędkość maksymalną 520 km/h, co czyniło samolot najszybszym dwupłatowcem w historii.

Fiat CR.42 • Alessandro Cordasco, Camillo Cordasco
First edition / Wydanie pierwsze • LUBLIN 2020 • ISBN 978-83-66148-37-6

© All rights reserved. / Wszystkie prawa zastrzeżone. Wykorzystywanie fragmentów tej książki do przedruków w gazetach i czasopismach, w audycjach radiowych i programach telewizyjnych bez pisemnej zgody Wydawcy jest zabronione. Nazwa serii zastrzeżona. Printed in Poland.
Translation / Tłumaczenie: **Stanisław Powała-Niedźwiecki** • Color profiles / Plansze barwne: **Alessandro Cordasco, Camillo Cordasco** • Scale drawings / Rysunki techniczne: **Alessandro Cordasco, Camillo Cordasco** • Design: **KAGERO STUDIO**

Distribution / Dystrybucja: **Kagero Publishing** • www.kagero.pl • e-mail: kagero@kagero.pl, marketing@kagero.pl
Editorial Office, Marketing / Redakcja, Marketing: Kagero Publishing, ul. Akacjowa 100, os. Borek, Turka, 20-258 Lublin 62, Poland, phone/fax +48 81 501 21 05

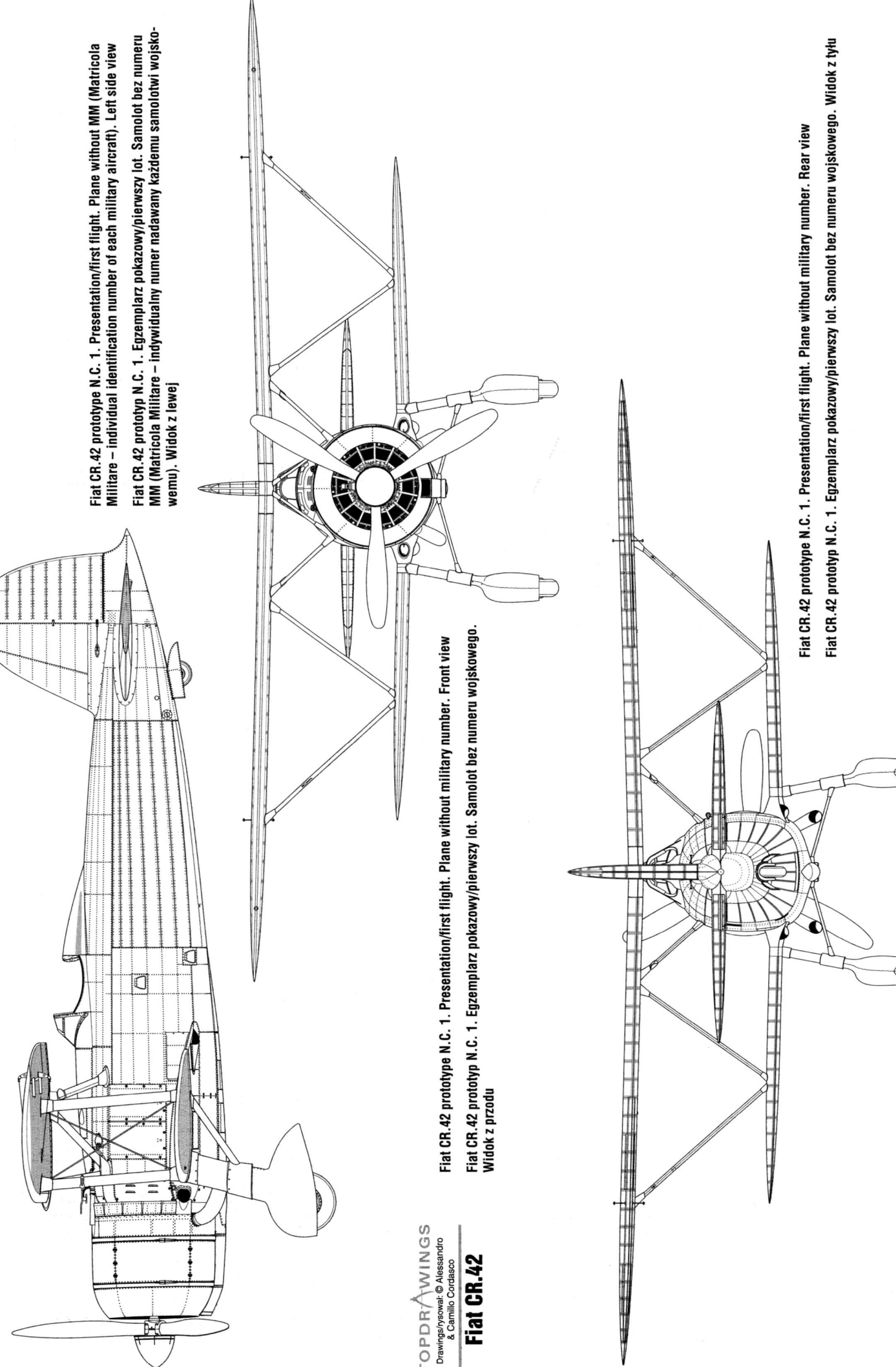

Fiat CR.42

Sheet/Arkusz 2

TOPDRAWINGS
Drawings/rysował: © Alessandro & Camillo Cordasco

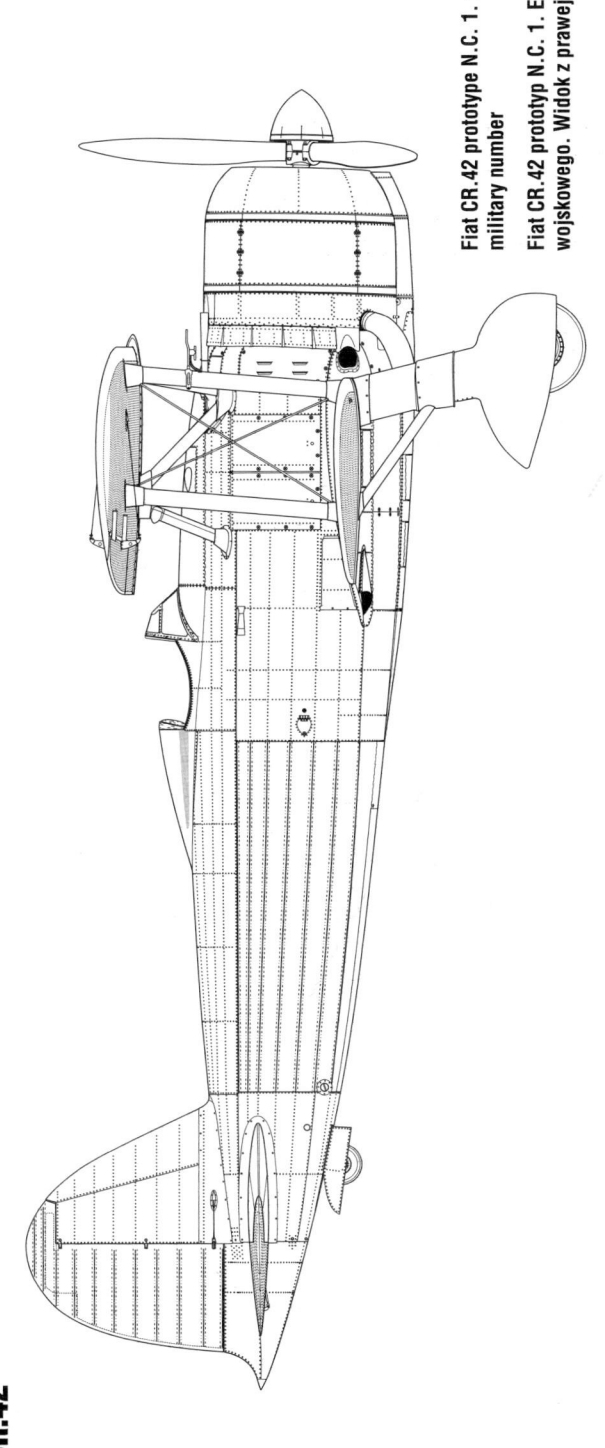

Fiat CR.42 prototype N.C. 1. Latest test flights, left side view. Plane without military number

Fiat CR.42 prototyp N.C. 1. Ostatnie próby w locie. Samolot bez numeru wojskowego. Widok z lewej

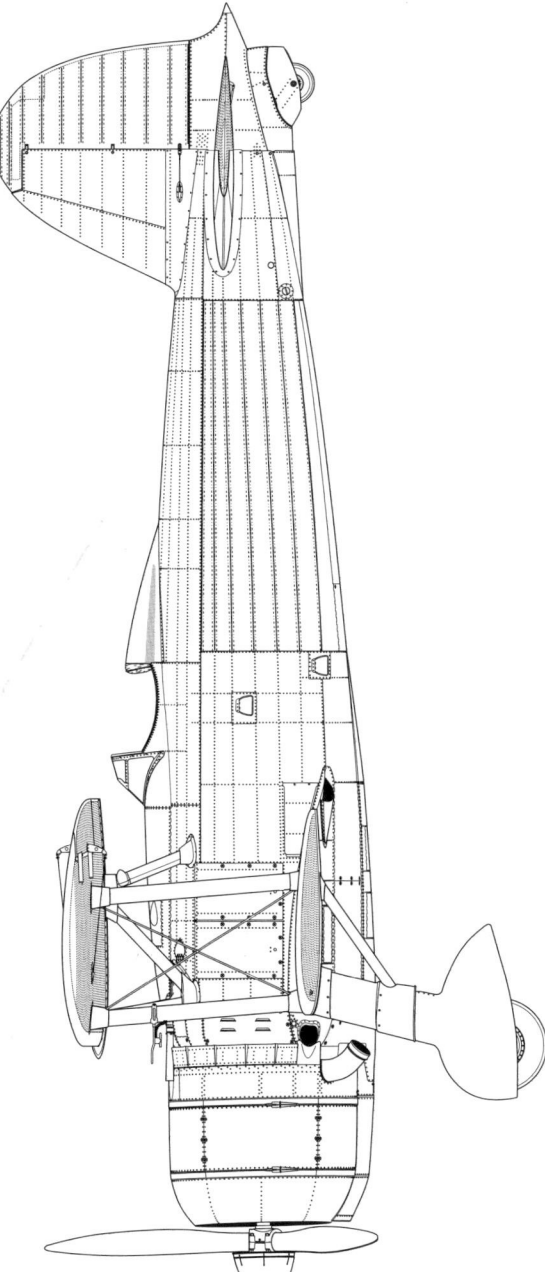

Fiat CR.42 prototype N.C. 1. Presentation/first flight, right side view. Plane without military number

Fiat CR.42 prototyp N.C. 1. Egzemplarz pokazowy/pierwszy lot. Samolot bez numeru wojskowego. Widok z prawej

www.kagero.eu
www.shop.kagero.pl

Scale/skala 1/48

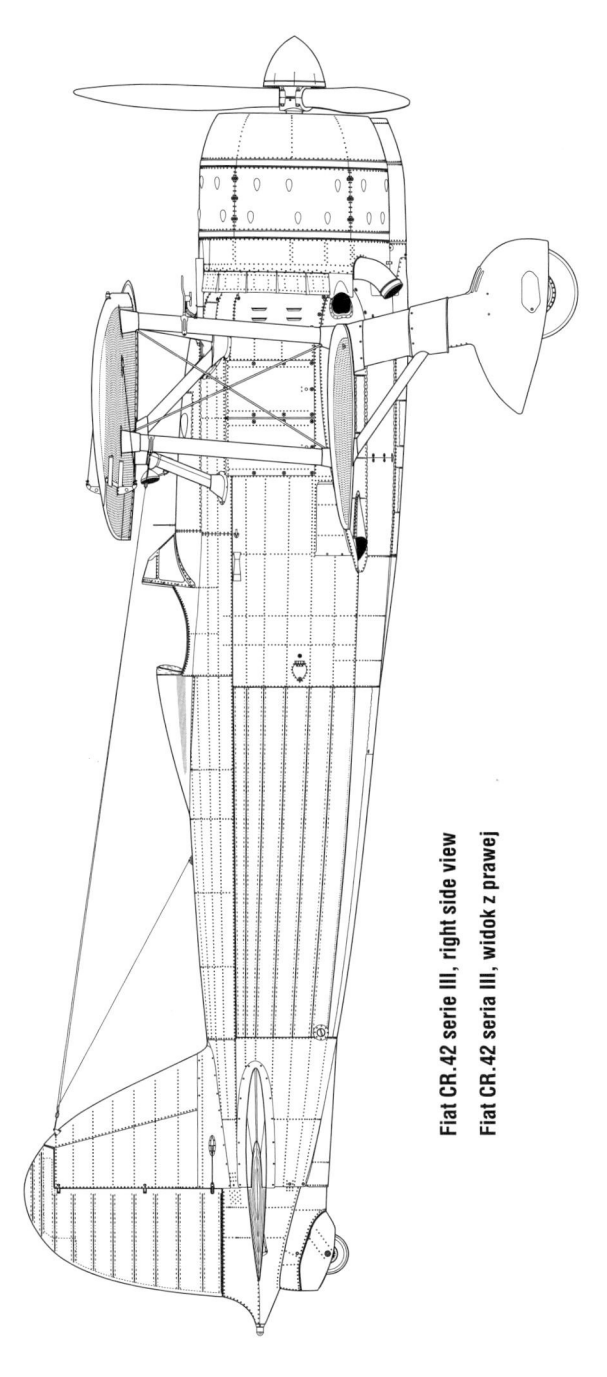
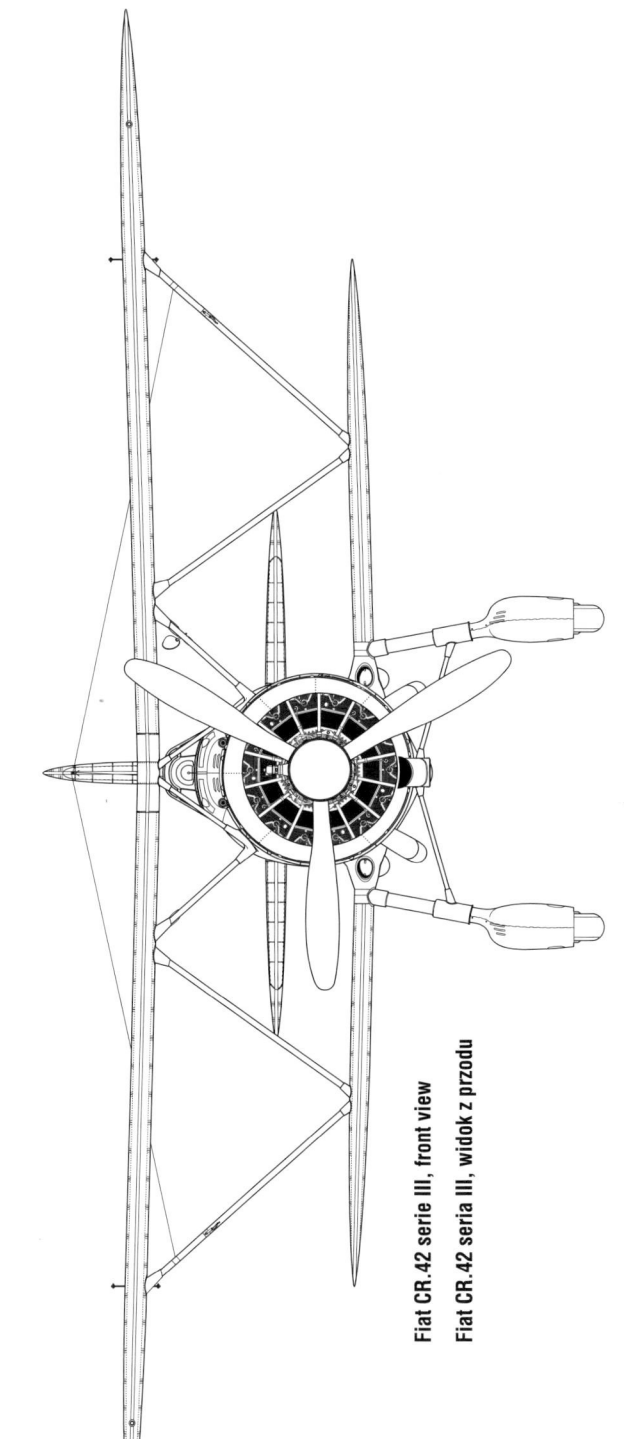

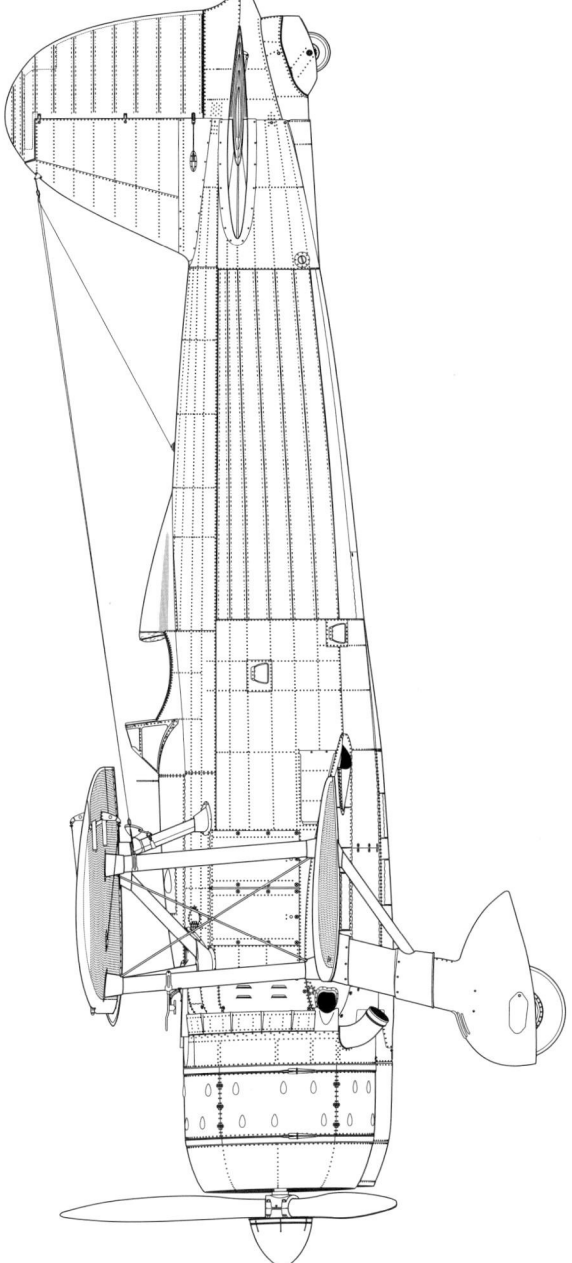

Fiat CR.42 serie III, left side view
Fiat CR.42 seria III, widok z lewej

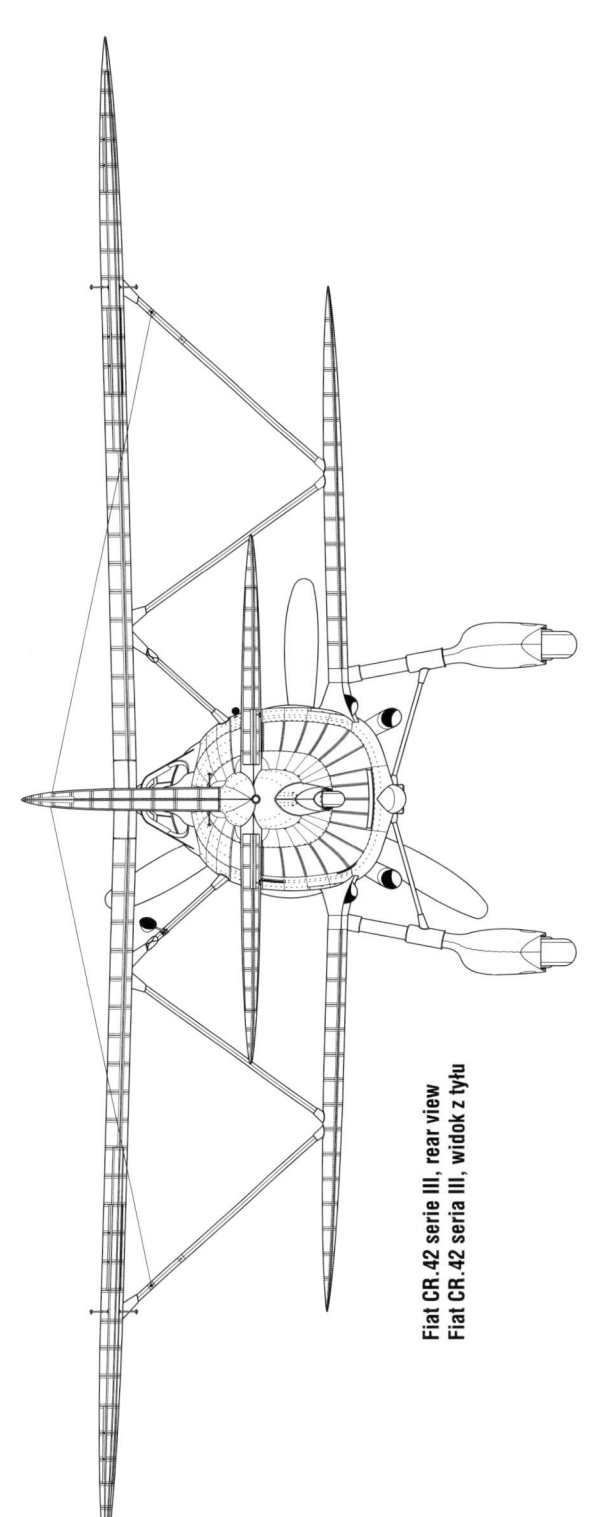

Fiat CR.42 serie III, rear view
Fiat CR.42 seria III, widok z tyłu

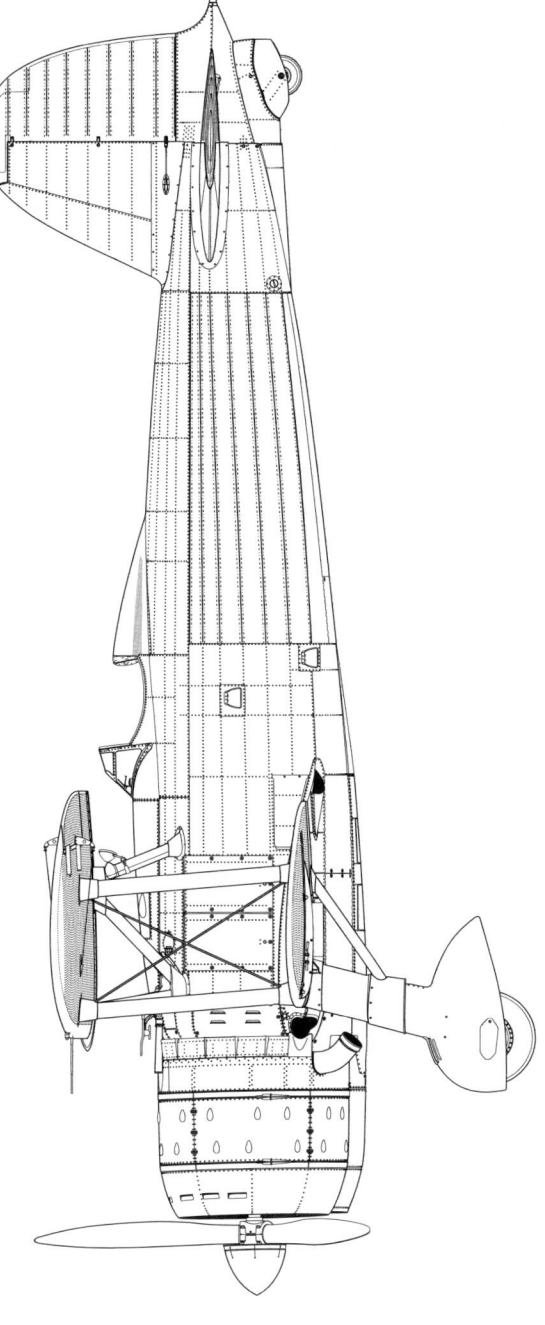
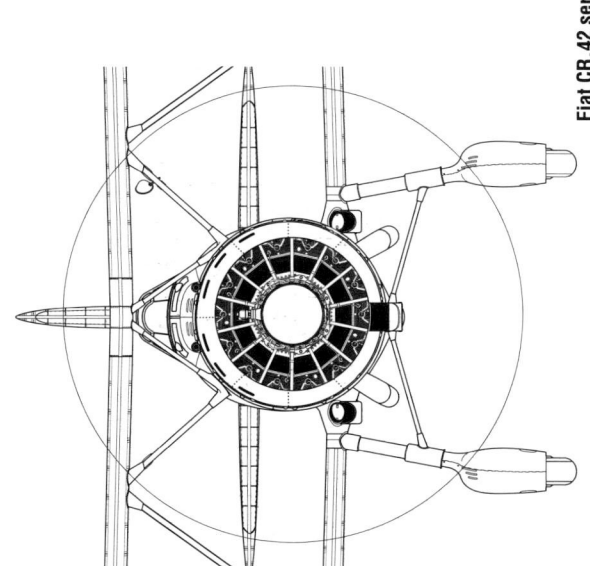

Fiat CR.42 serie V (third batch) and from serie VIII, left side view
Fiat CR.42 seria V (trzecia partia) i od serii VIII, widok z lewej

Fiat CR.42 serie IX, left side view
Fiat CR.42 seria IX, widok z lewej

Fiat CR.42 serie IX, front view
Fiat CR.42 seria IX, widok z przodu

Fiat CR.42 serie V (third batch) and from serie VIII, front view
Fiat CR.42 seria V (trzecia partia) i od serii VIII, widok z przodu

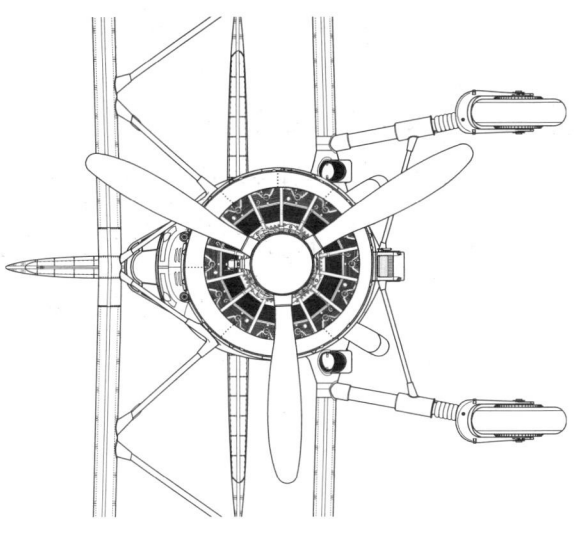
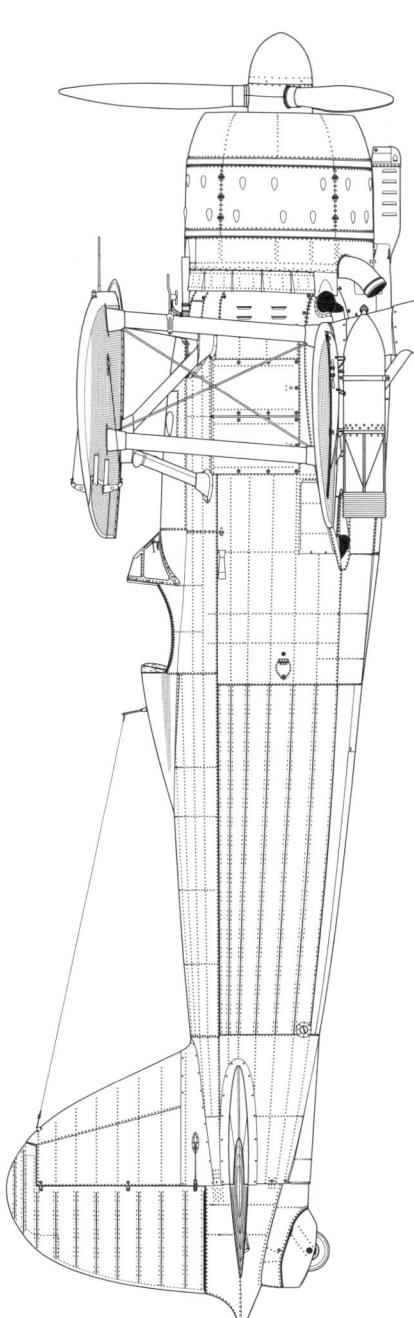

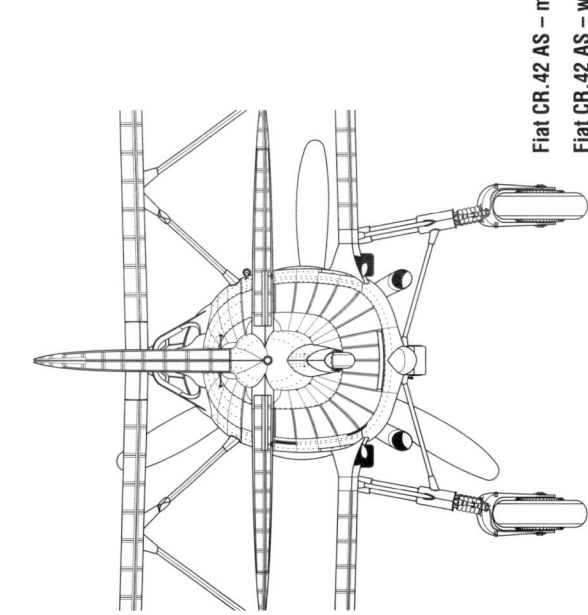

Fiat CR.42 AS – many aircrafts of series X, XI, XII, XIII, front view
Fiat CR.42 AS – wygląd wielu maszyn serii X, XI, XII, XIII, widok z przodu

Fiat CR.42 AS – many aircrafts of series X, XI, XII, XIII, right side view
Fiat CR.42 AS – wygląd wielu maszyn serii X, XI, XII, XIII, widok z prawej

Fiat CR.42 AS – many aircrafts of series X, XI, XII, XIII, left side view
Fiat CR.42 AS – wygląd wielu maszyn serii X, XI, XII, XIII, widok z lewej

Fiat CR.42 AS – many aircrafts of series X, XI, XII, XIII, rear view
Fiat CR.42 AS – wygląd wielu maszyn serii X, XI, XII, XIII, widok z tyłu

Sheet/Arkusz 6
TOPDRAWINGS
Drawings/rysował © Alessandro & Camillo Cordasco
Fiat CR.42
Scale/skala 1/48
www.kagero.eu
www.shop.kagero.pl

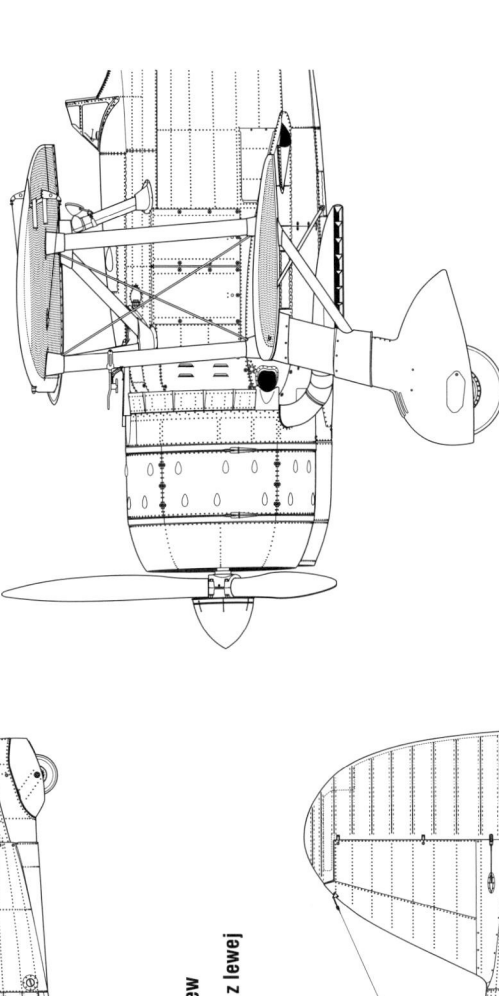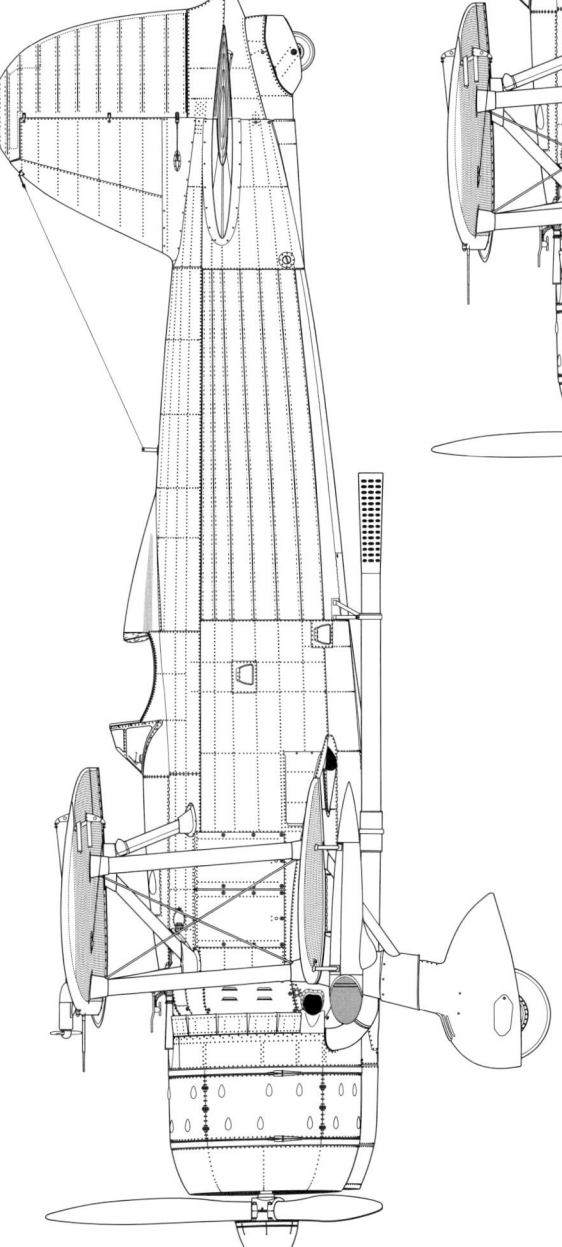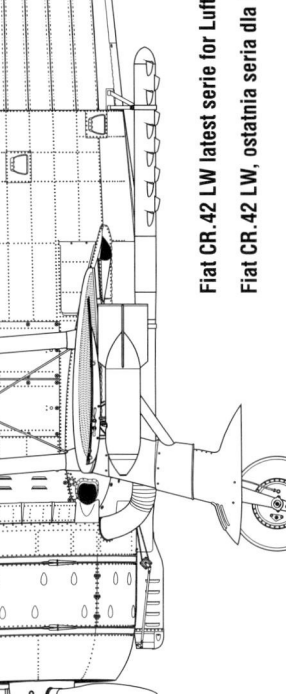

Fiat CR.42

Sheet/Arkusz 8

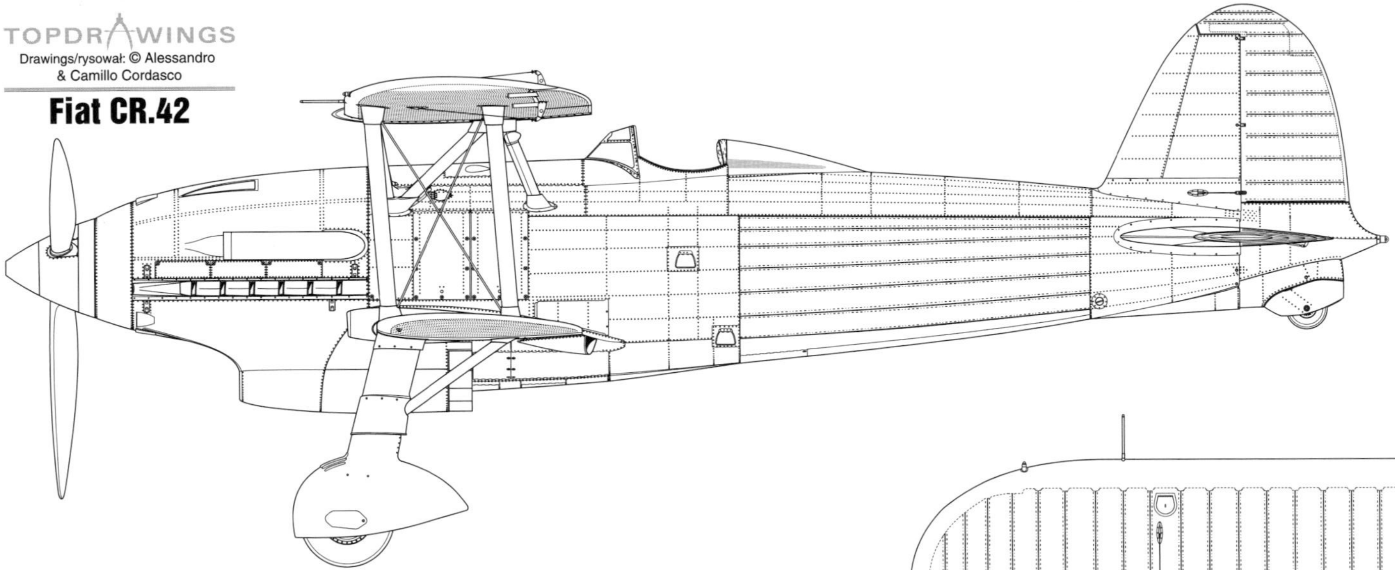

Drawings/rysował: © Alessandro & Camillo Cordasco

Fiat CR.42 DB (MM 469) with Alfa Romeo RA 1000 RC41 engine (DB 601 A1 engine), left side view
Fiat CR.42 DB (nr wojskowy 469) z silnikiem Alfa Romeo RA 1000 RC41 (DB 601A1), widok z lewej

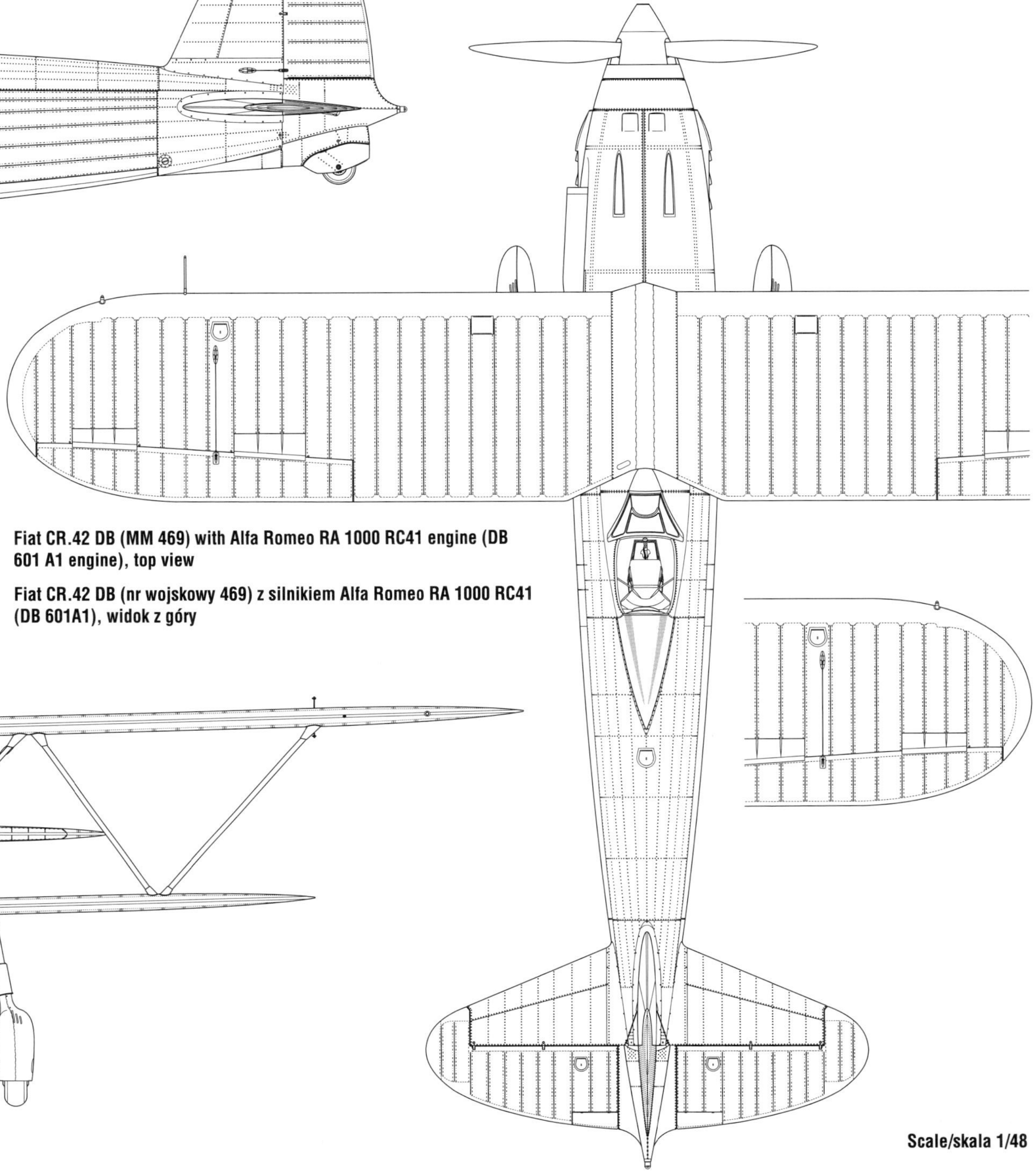

Fiat CR.42 DB (MM 469) with Alfa Romeo RA 1000 RC41 engine (DB 601 A1 engine), top view
Fiat CR.42 DB (nr wojskowy 469) z silnikiem Alfa Romeo RA 1000 RC41 (DB 601A1), widok z góry

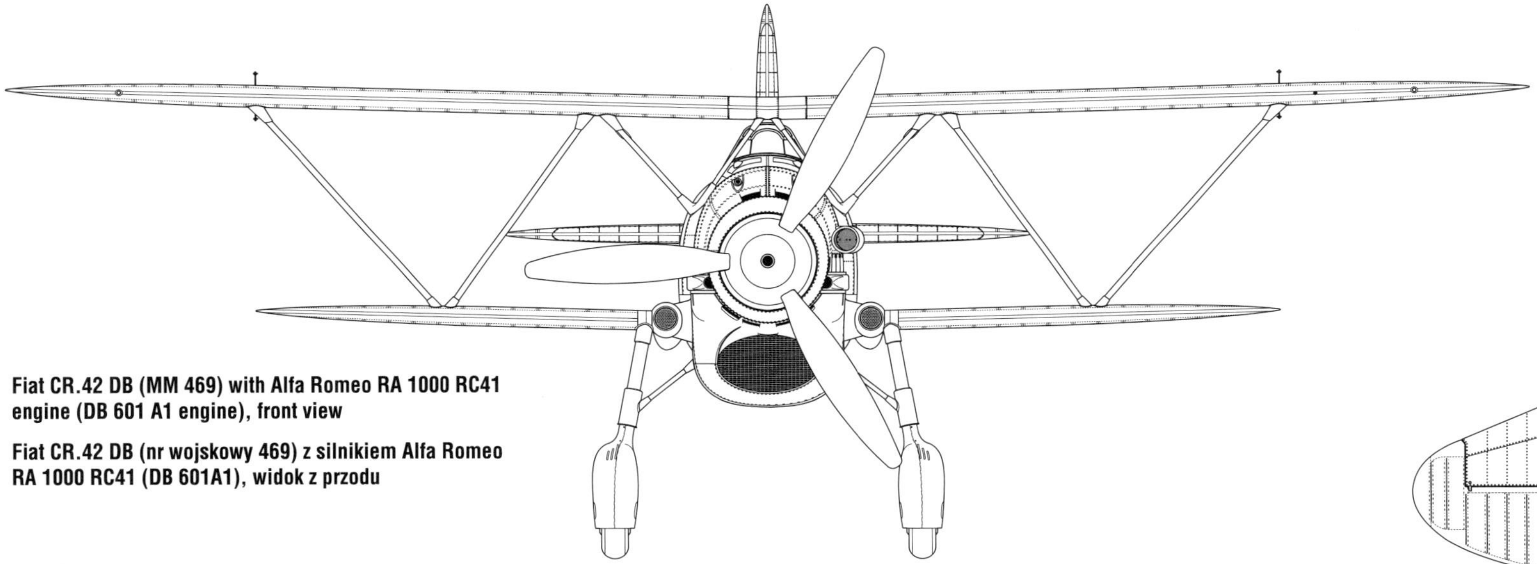

Fiat CR.42 DB (MM 469) with Alfa Romeo RA 1000 RC41 engine (DB 601 A1 engine), front view
Fiat CR.42 DB (nr wojskowy 469) z silnikiem Alfa Romeo RA 1000 RC41 (DB 601A1), widok z przodu

www.kagero.eu
www.shop.kagero.pl

Scale/skala 1/48

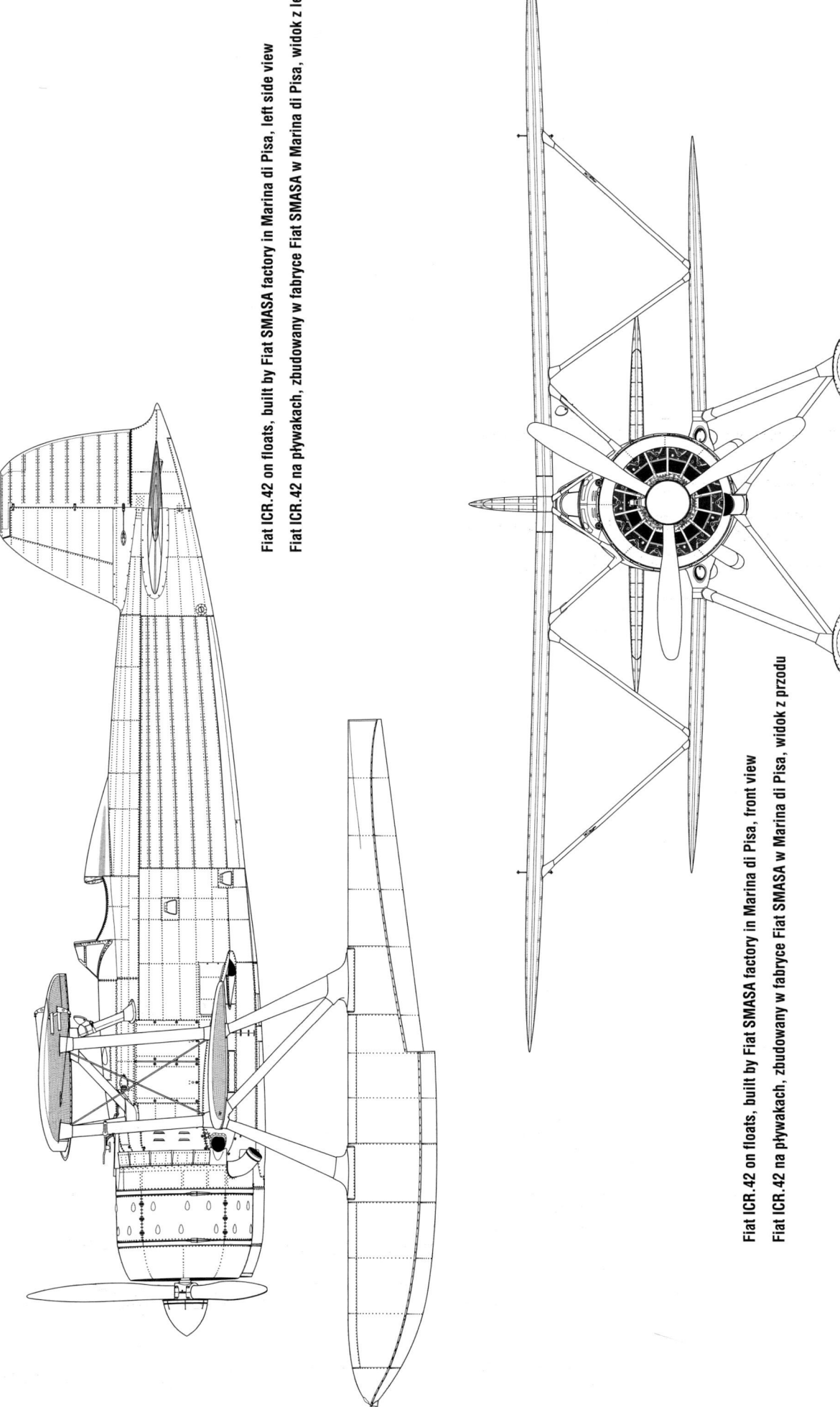

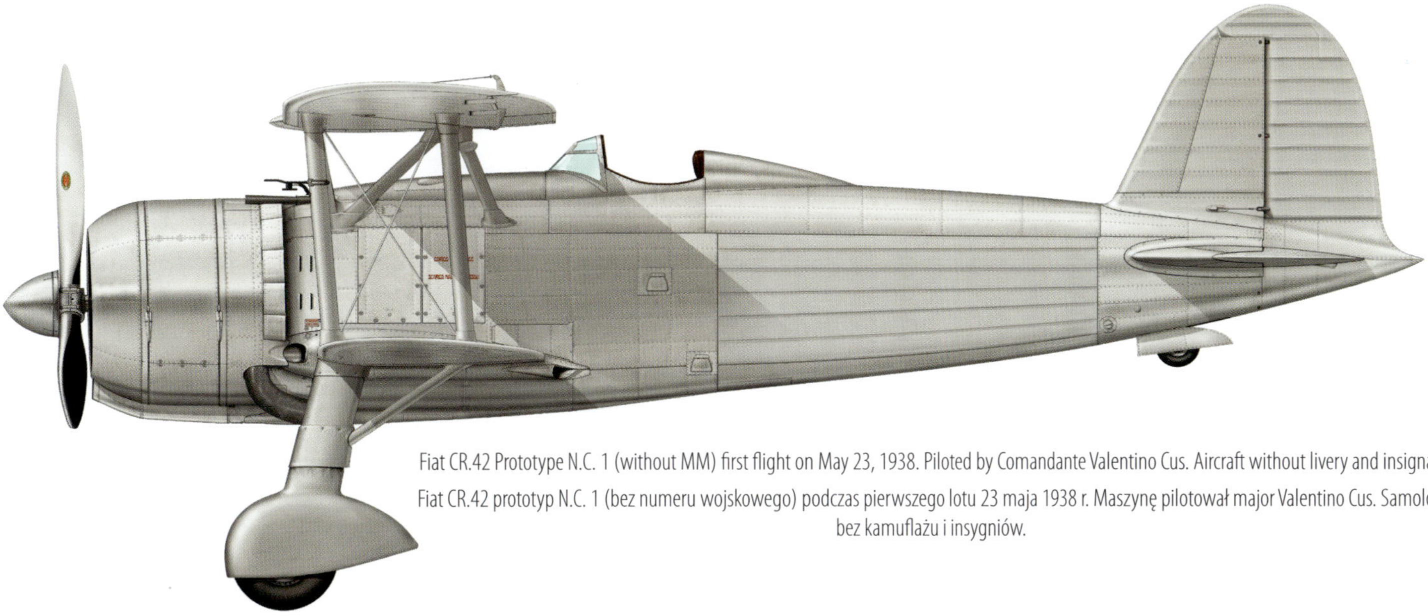

Fiat CR.42 Prototype N.C. 1 (without MM) first flight on May 23, 1938. Piloted by Comandante Valentino Cus. Aircraft without livery and insigna.
Fiat CR.42 prototyp N.C. 1 (bez numeru wojskowego) podczas pierwszego lotu 23 maja 1938 r. Maszynę pilotował major Valentino Cus. Samolot bez kamuflażu i insygniów.

Fiat CR.42 Series II (MM 5024), Cap. Aldo Li Greci, Squadron Leader of 385a Squadriglia, 157° Gruppo, 1° Stormo Caccia Terrestre Trapani-Milo airfield, July 1940.
Fiat CR.42 seria II (nr wojskowy 5024). Pilot: kapitan Aldo Li Greci, dowódca dywizjonu 385a, 157° Gruppo, 1° Stormo Caccia Terrestre. Lotnisko Trapani-Milo, czerwiec 1940 r.

Fiat CR.42 Series II (MM 5031), Ten. Aldo Gon 97a Squadriglia, 9° Gruppo, 4° Stormo Caccia Terrestre El Adem airfield, Libya, November 1940.
Fiat CR.42 seria II (nr wojskowy 5031). Pilot: porucznik Aldo Gon z dywizjonu 97a, 9° Gruppo, 4° Stormo Caccia Terrestre. Lotnisko El Adem w Libii. Listopad 1940 r.

Painted by / Malował:
Alessandro Cordasco, Camillo Cordasco

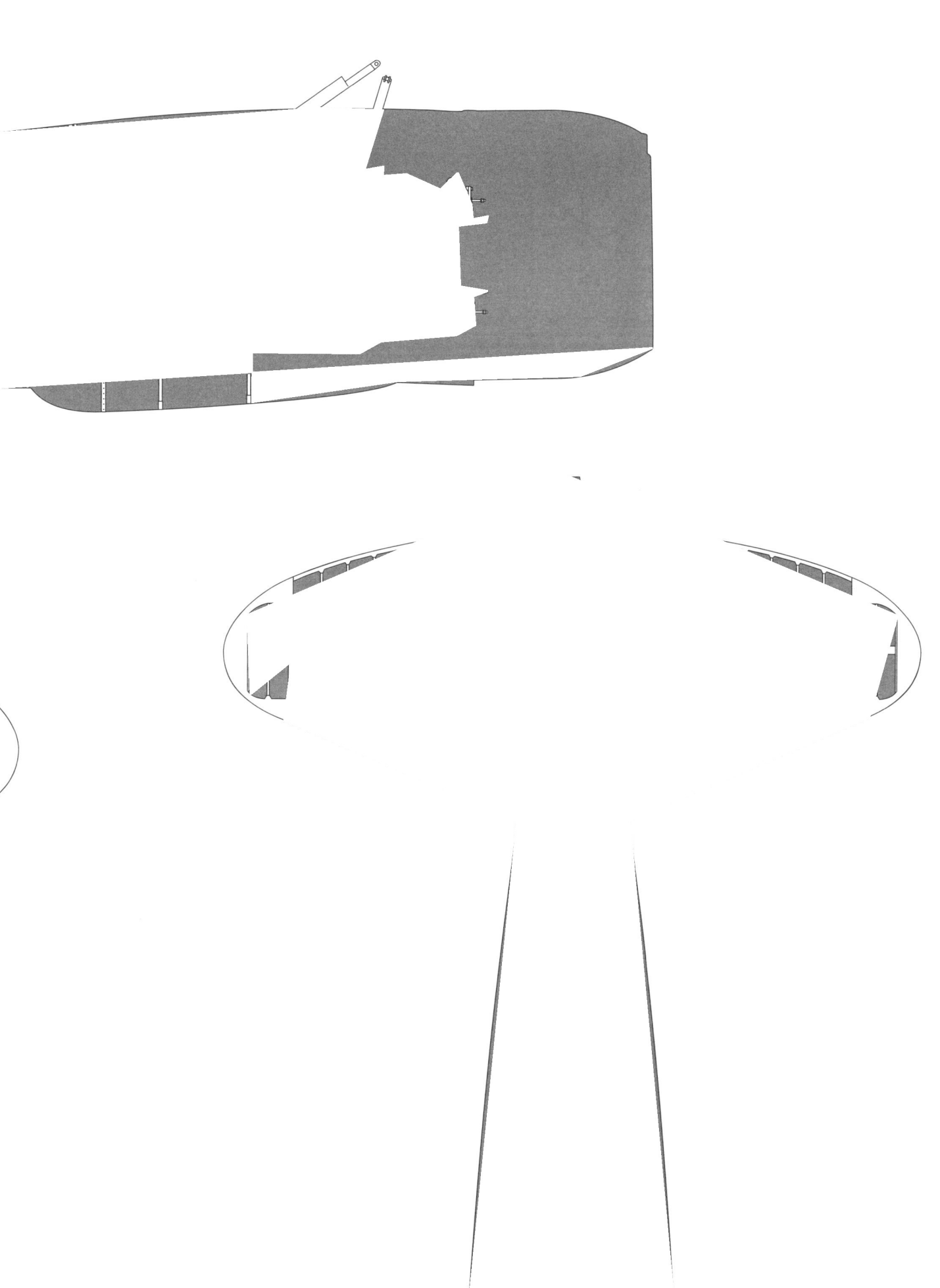

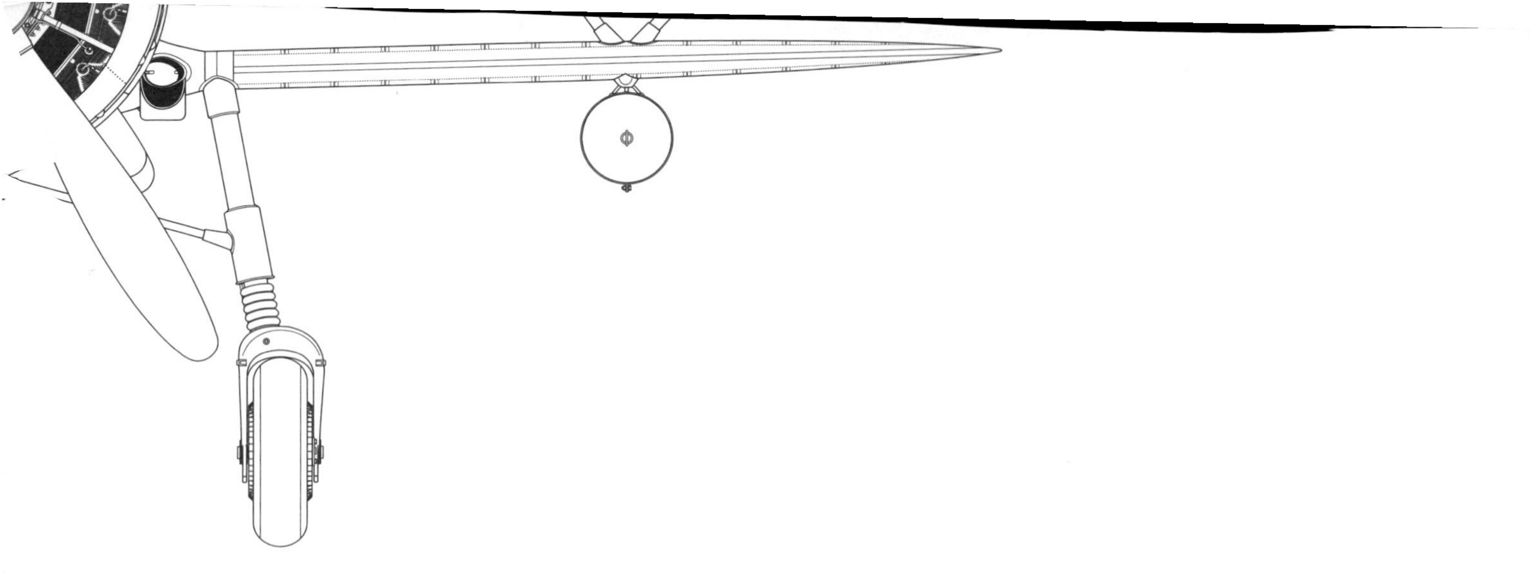

Scale/Skala 1/24

XI, XII, XIII, rear view
XI, XII, XIII, widok z tyłu

XI, XII, XIII, front view
XI, XII, XIII, widok z przodu

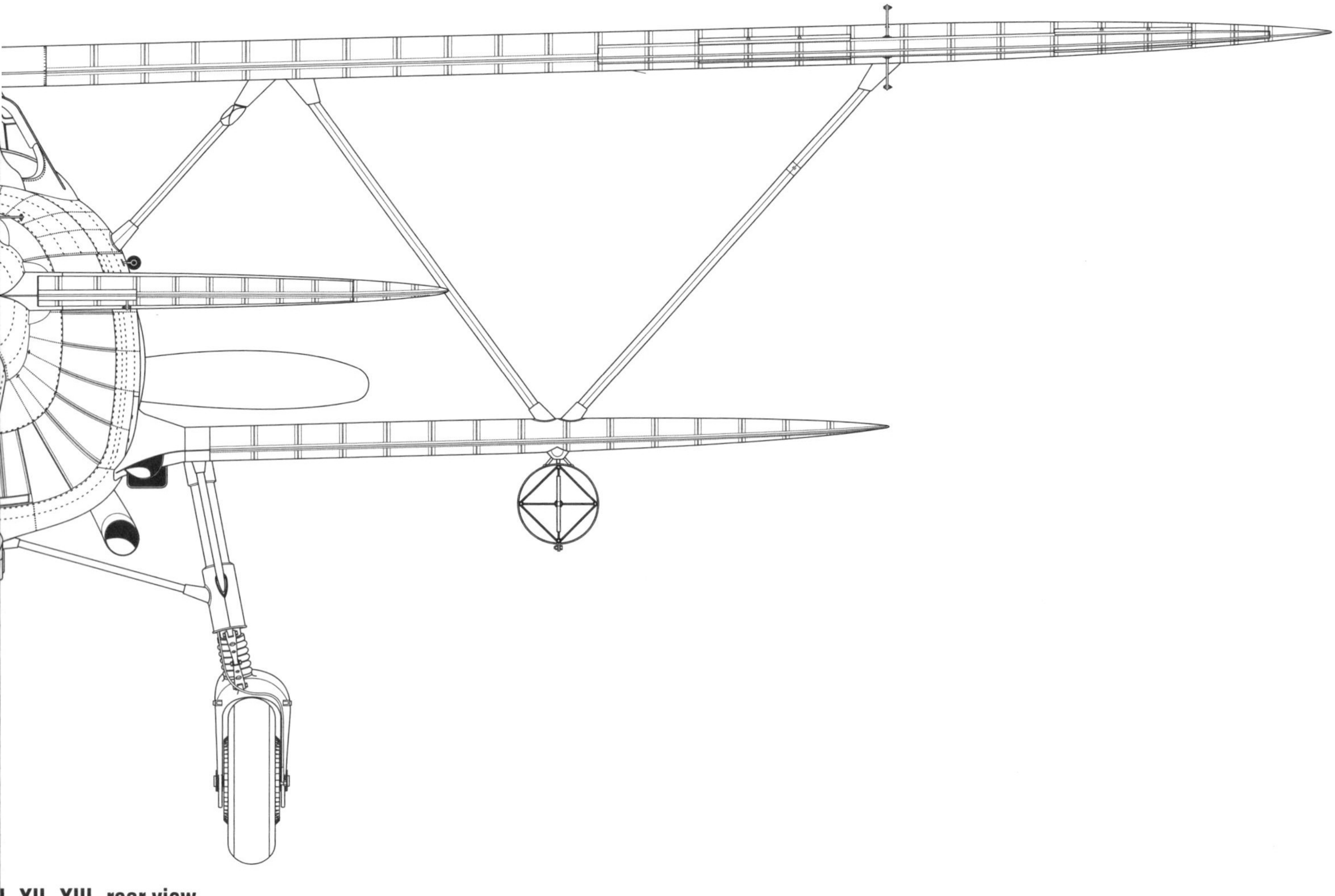

Sheet/Arkusz B

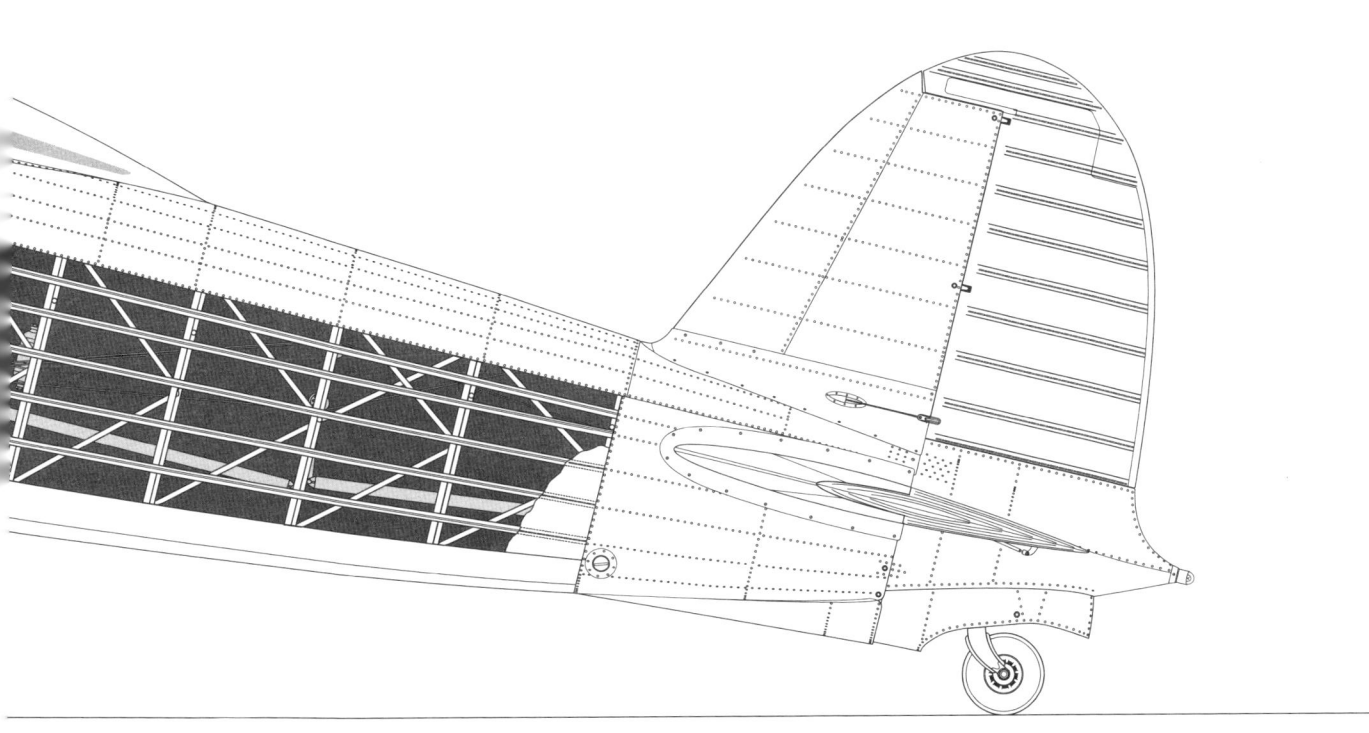

intenance time

as remontu

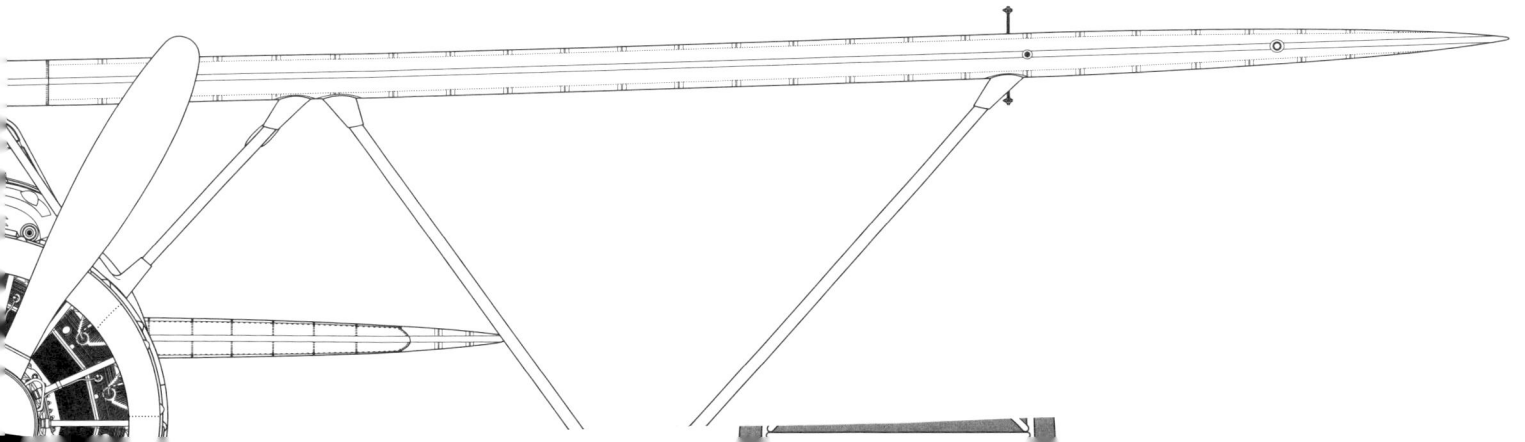

Fiat CR.42

Drawings/rysował: © Alessandro & Camillo Cordasco

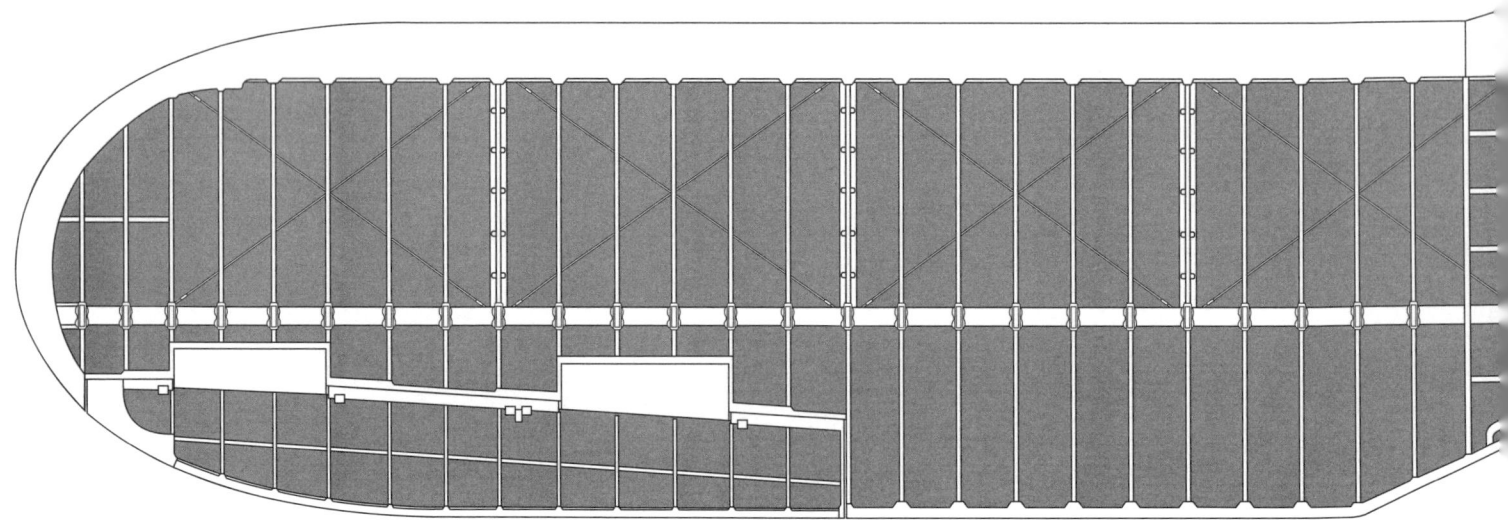

Upper wing, top view
Górny płat, widok z góry

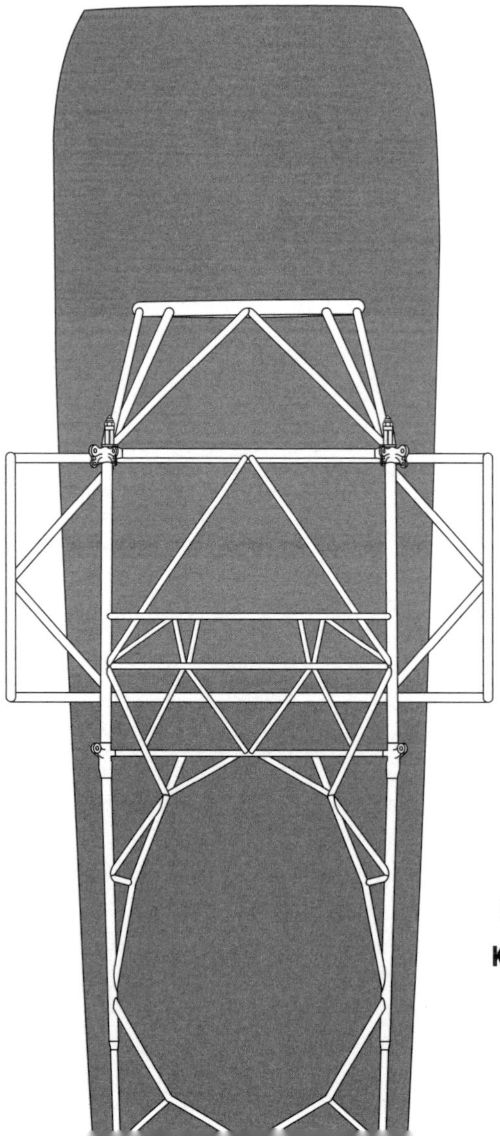

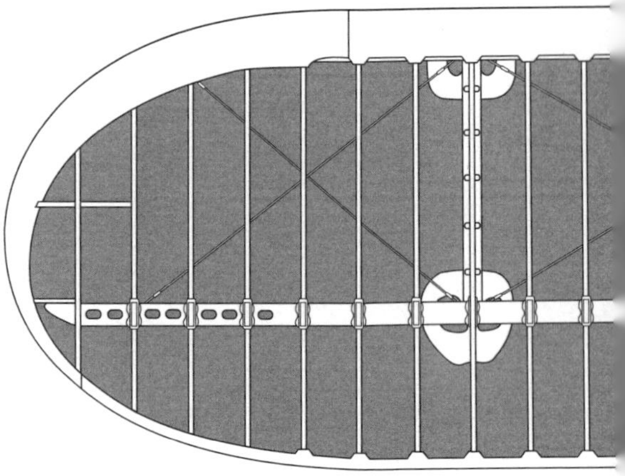

Fuselage, top view
Kadłub, widok z góry

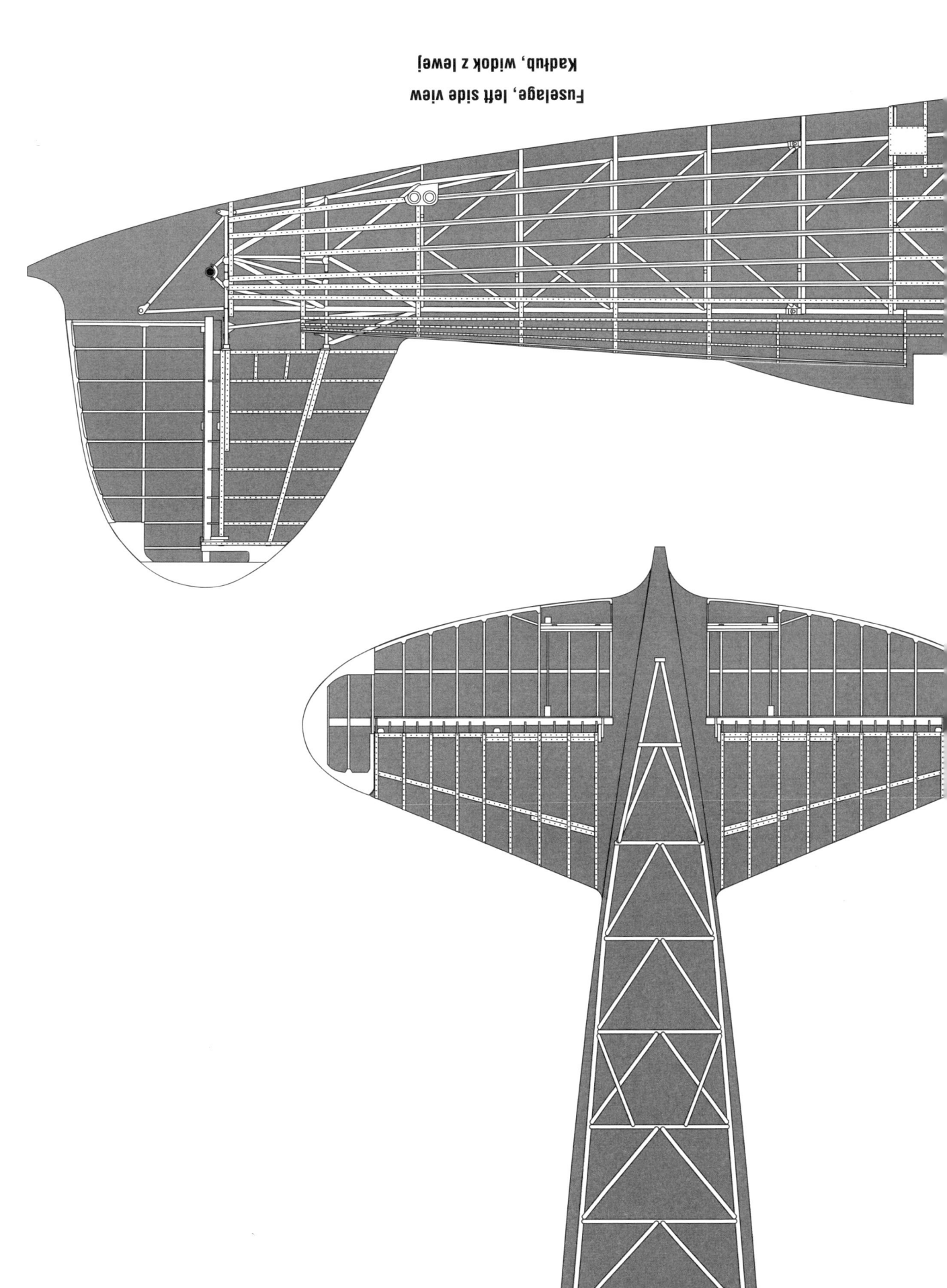

Scale/Skala 1/24

Fuselage, left side view
Kadłub, widok z lewej

Fiat CR.42 AS SE

Fiat CR.42 AS seria

Fiat CR.42 AS SER

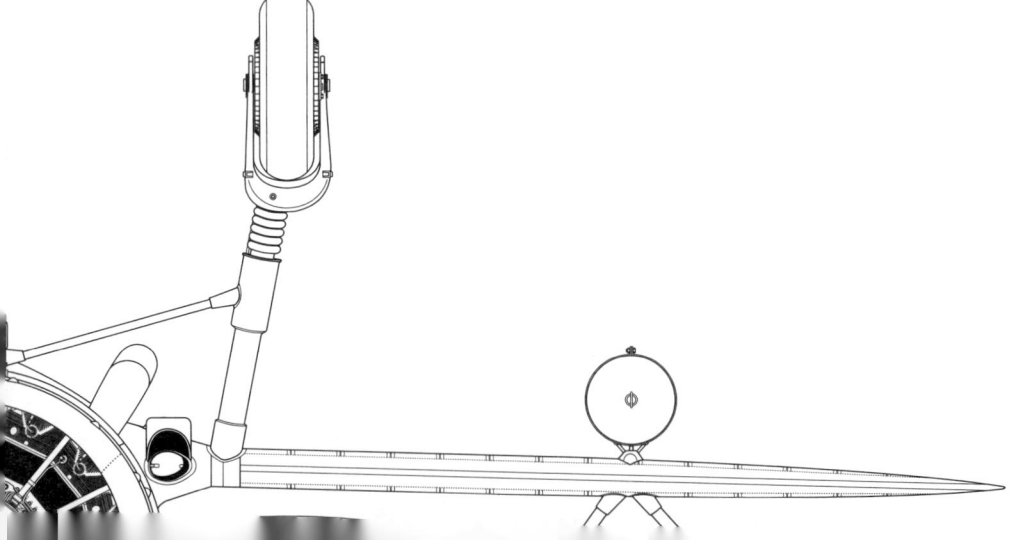

Fiat CR.42 AS seria

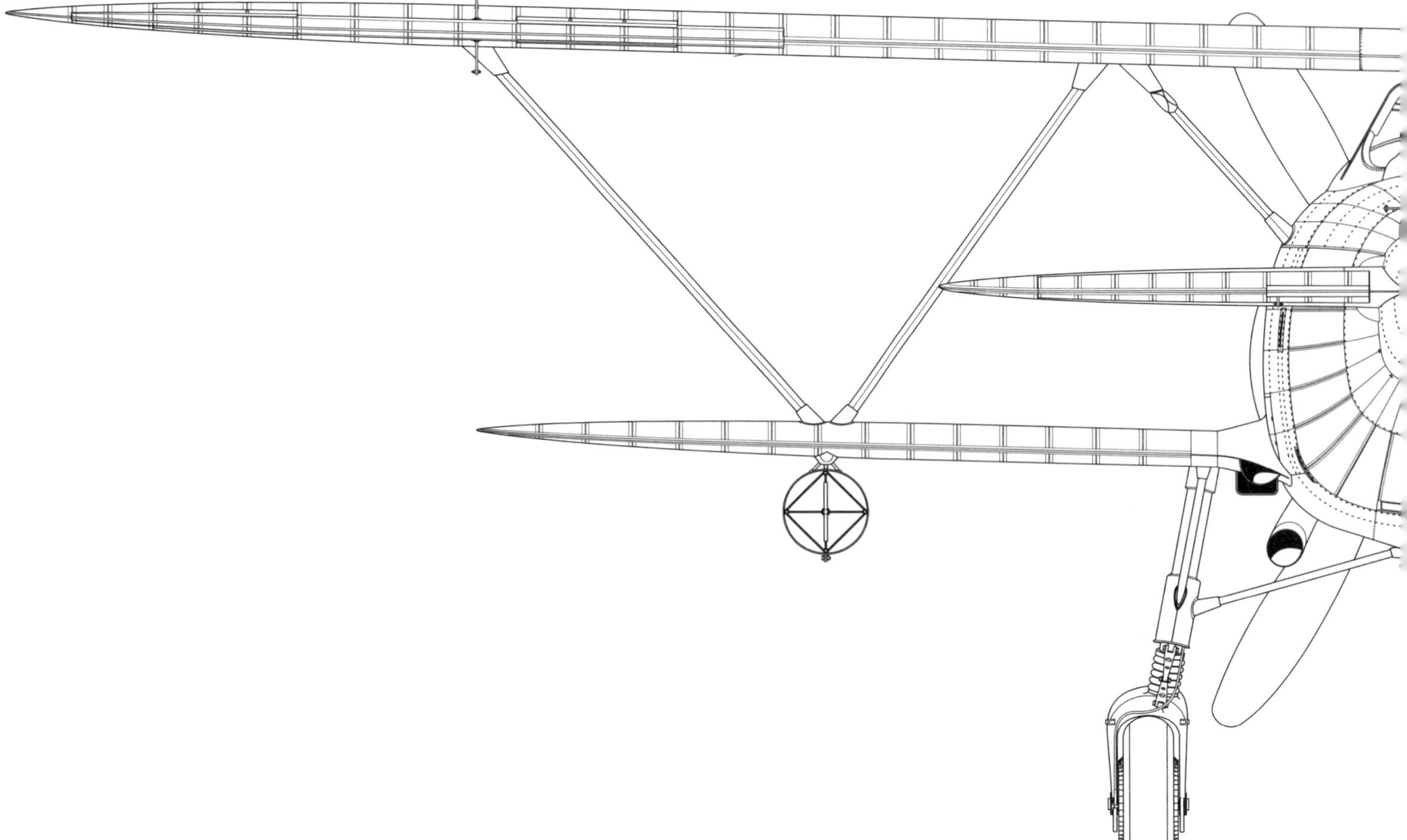

Fiat CR.42

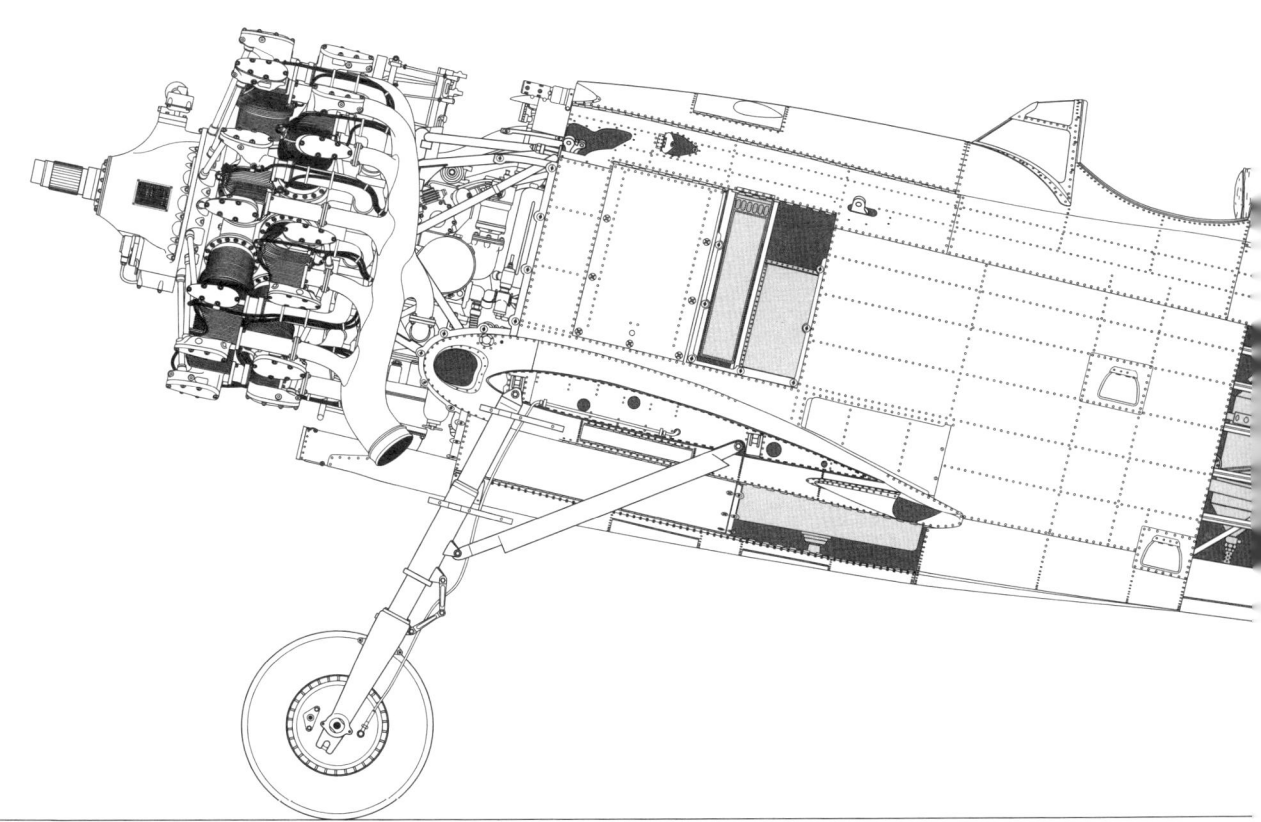

Fiat CR.42 duri
Fiat CR.42

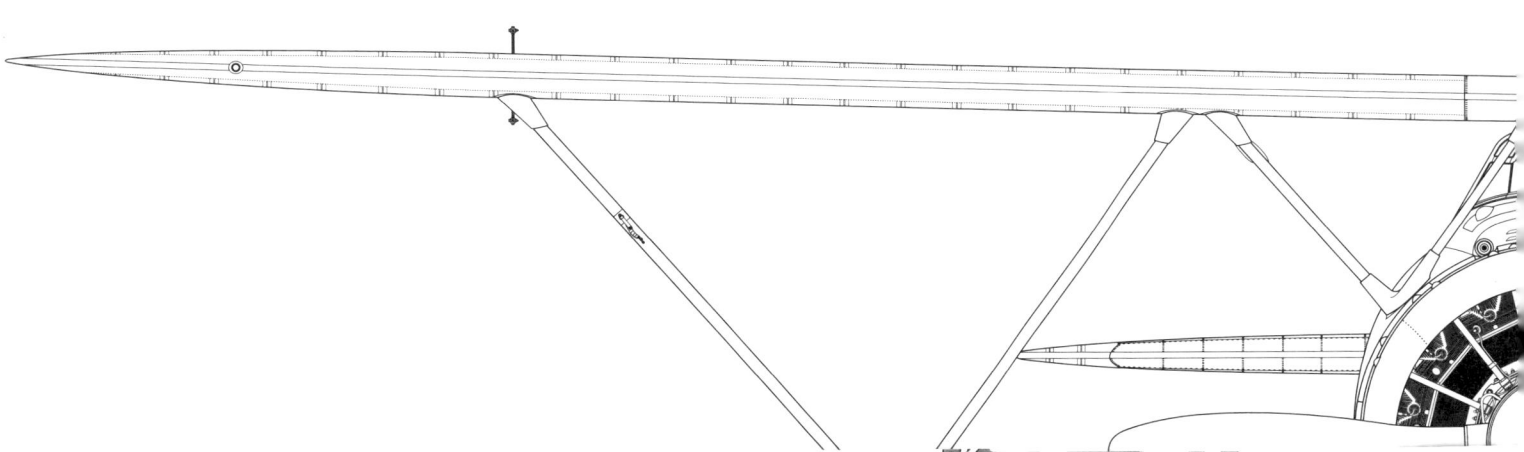

Sheet/Arkusz A

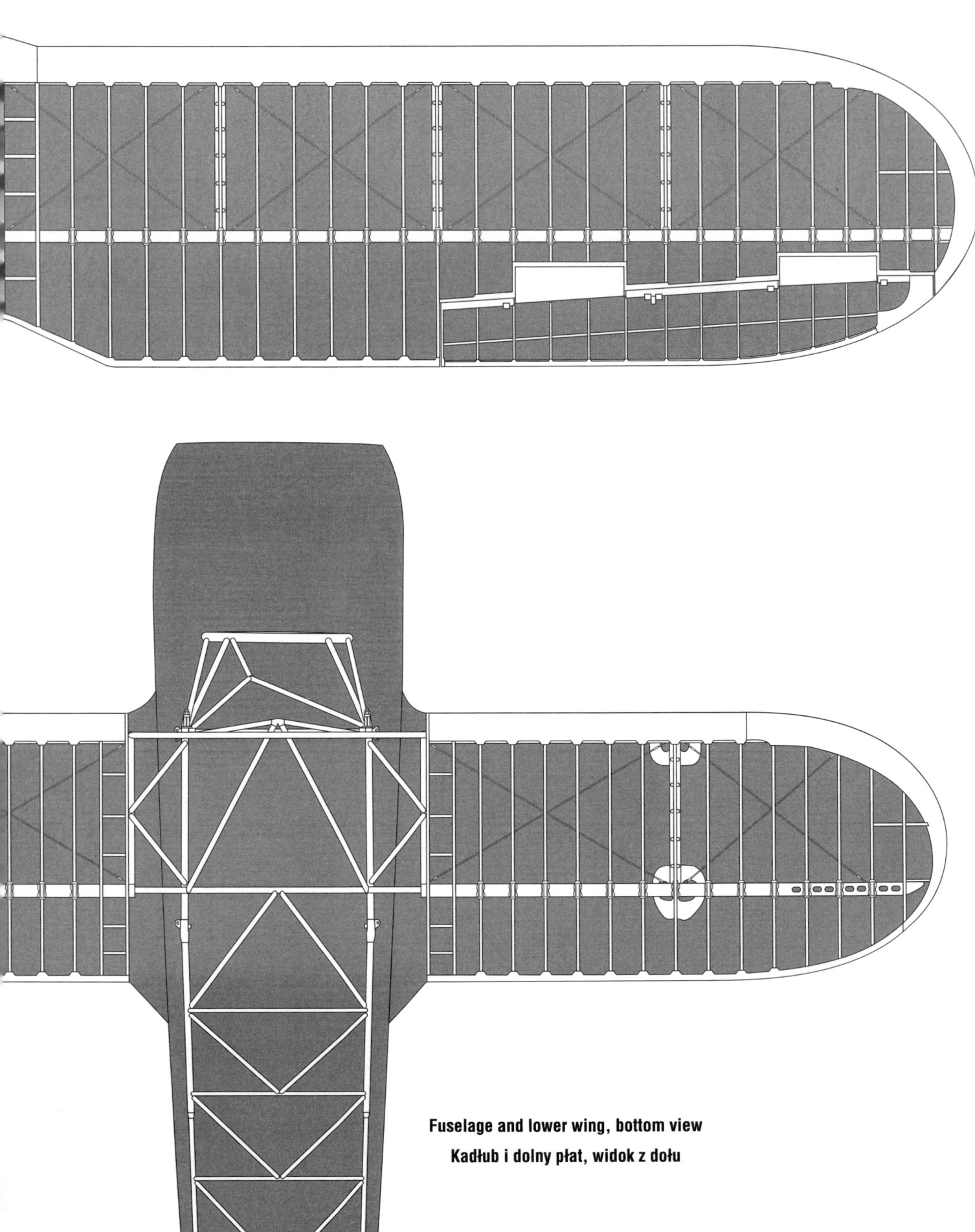

Fuselage and lower wing, bottom view
Kadłub i dolny płat, widok z dołu

Sheet/Arkusz C

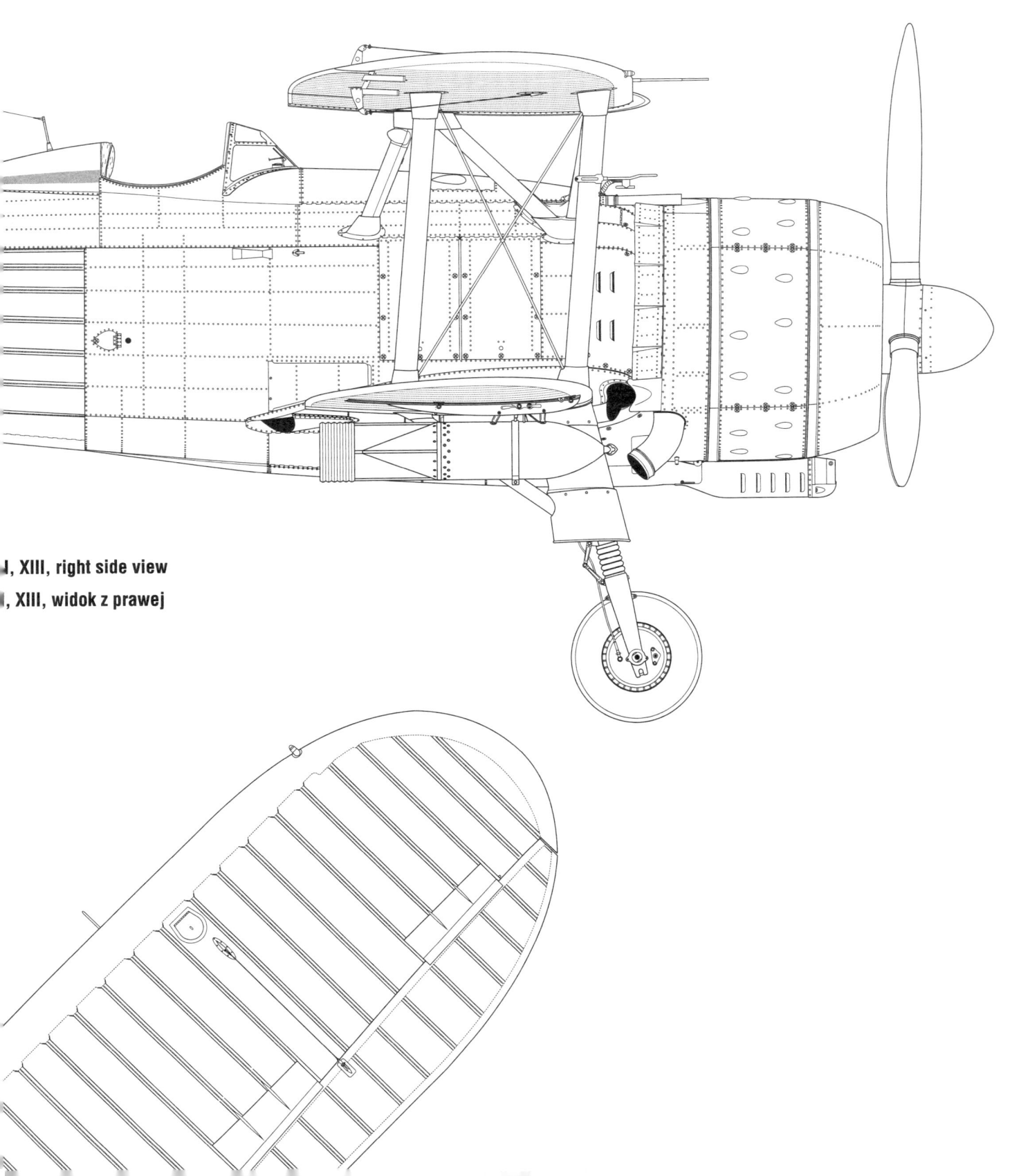

XIII, right side view
XIII, widok z prawej

TOPDRAWINGS

Drawings/rysował: © Alessandro & Camillo Cordasco

Fiat CR.42

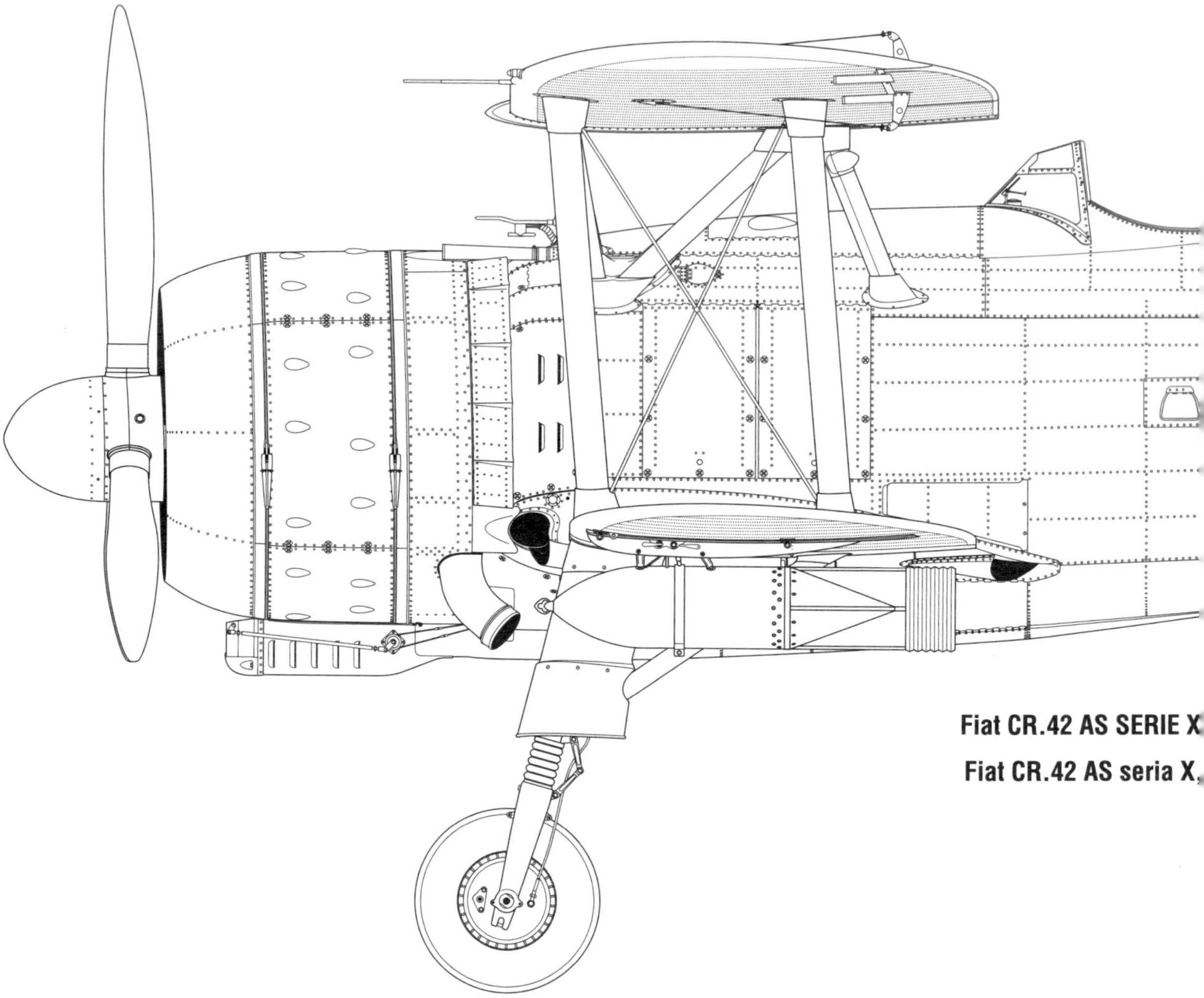

Fiat CR.42 AS SERIE X
Fiat CR.42 AS seria X

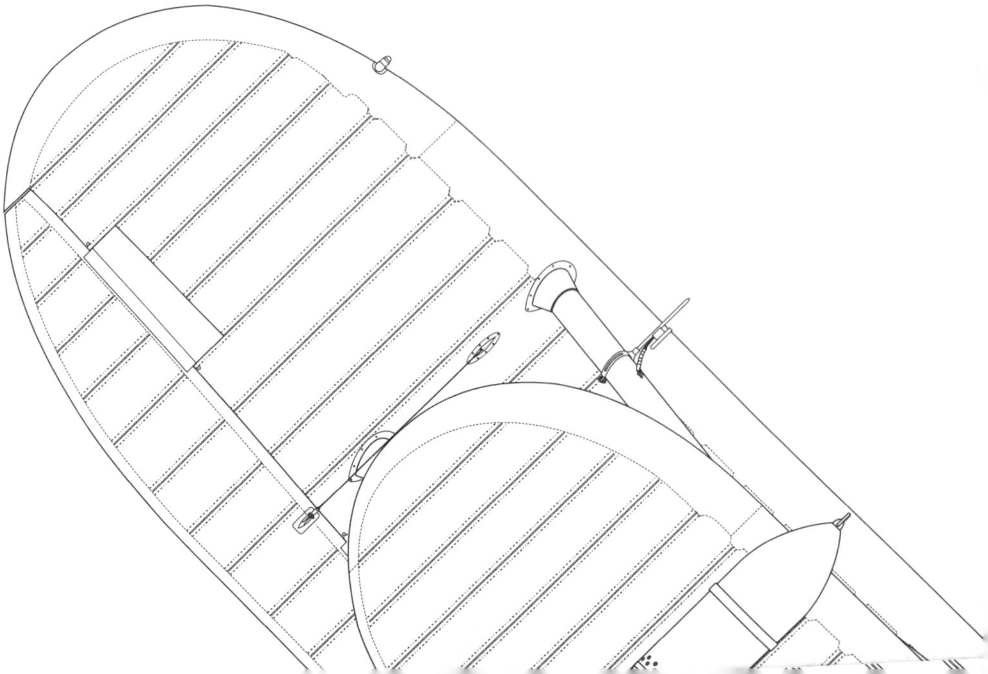

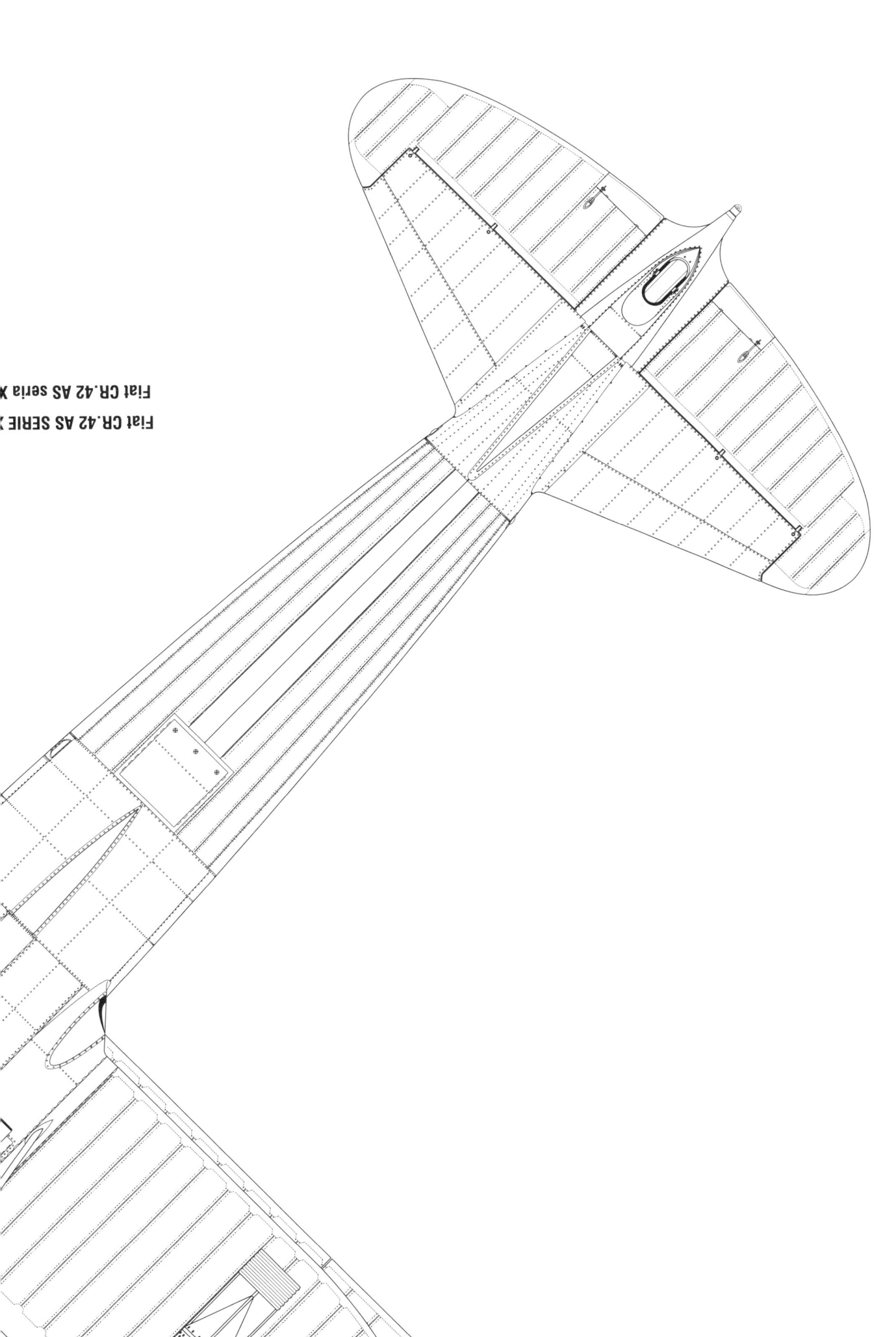

Fiat CR.42 AS SERIE X / Fiat CR.42 AS seria X

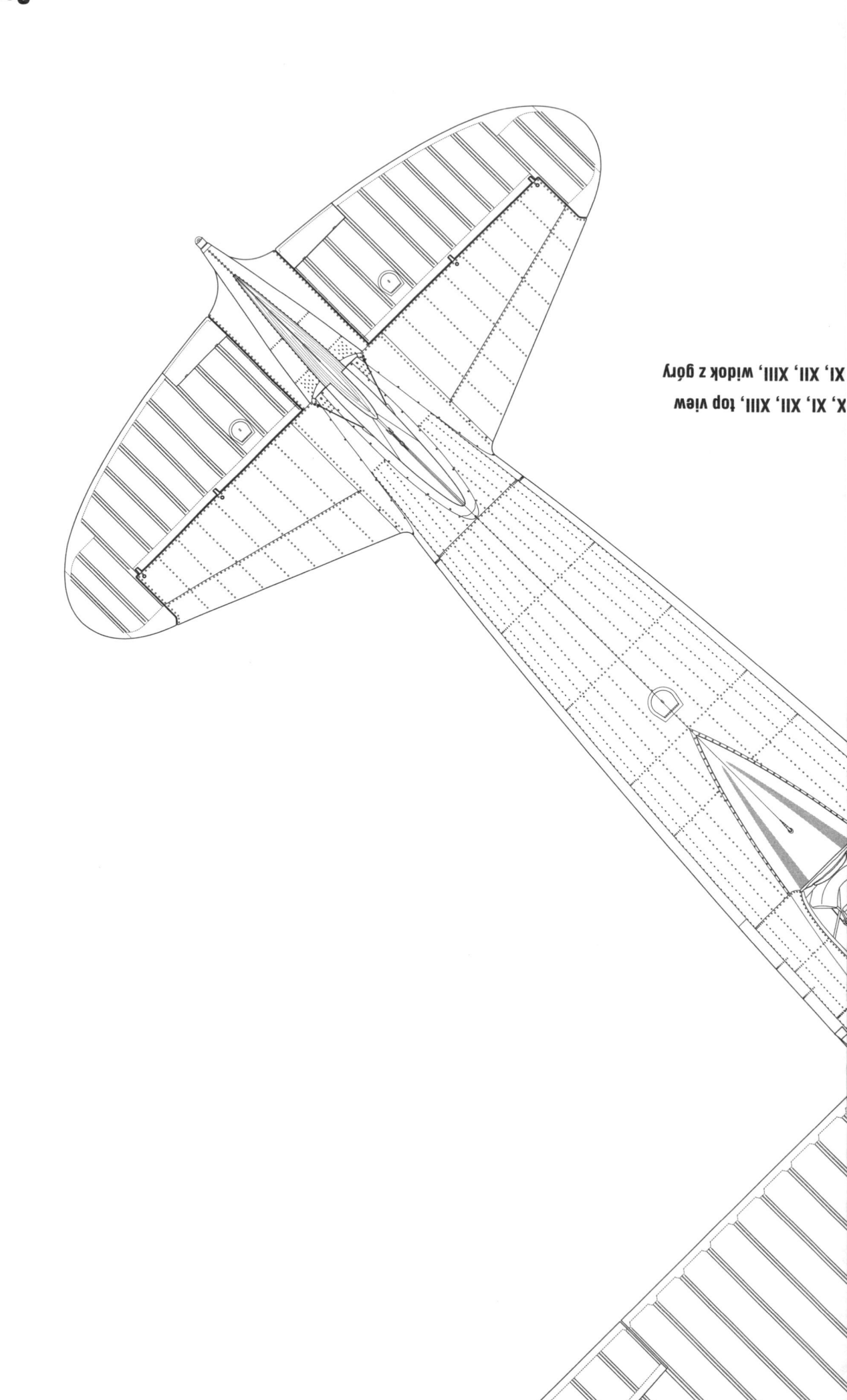

SERIE III
seria III

Sheet/Arkusz E

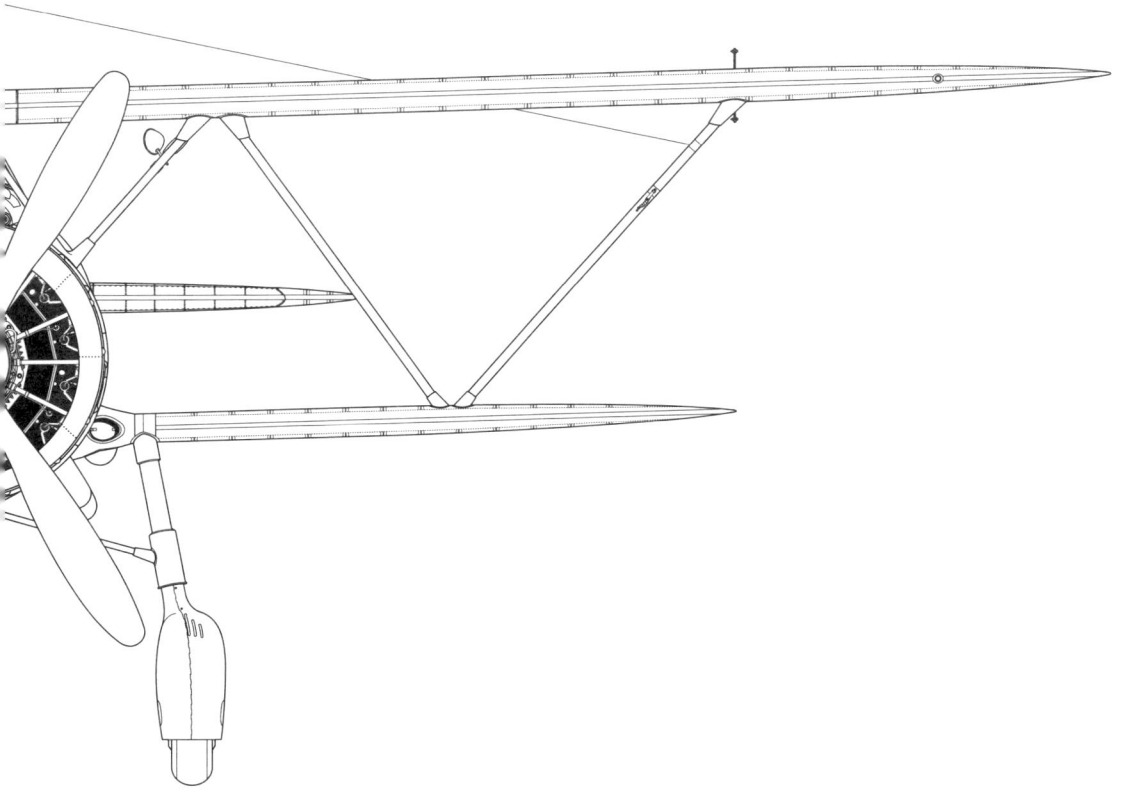

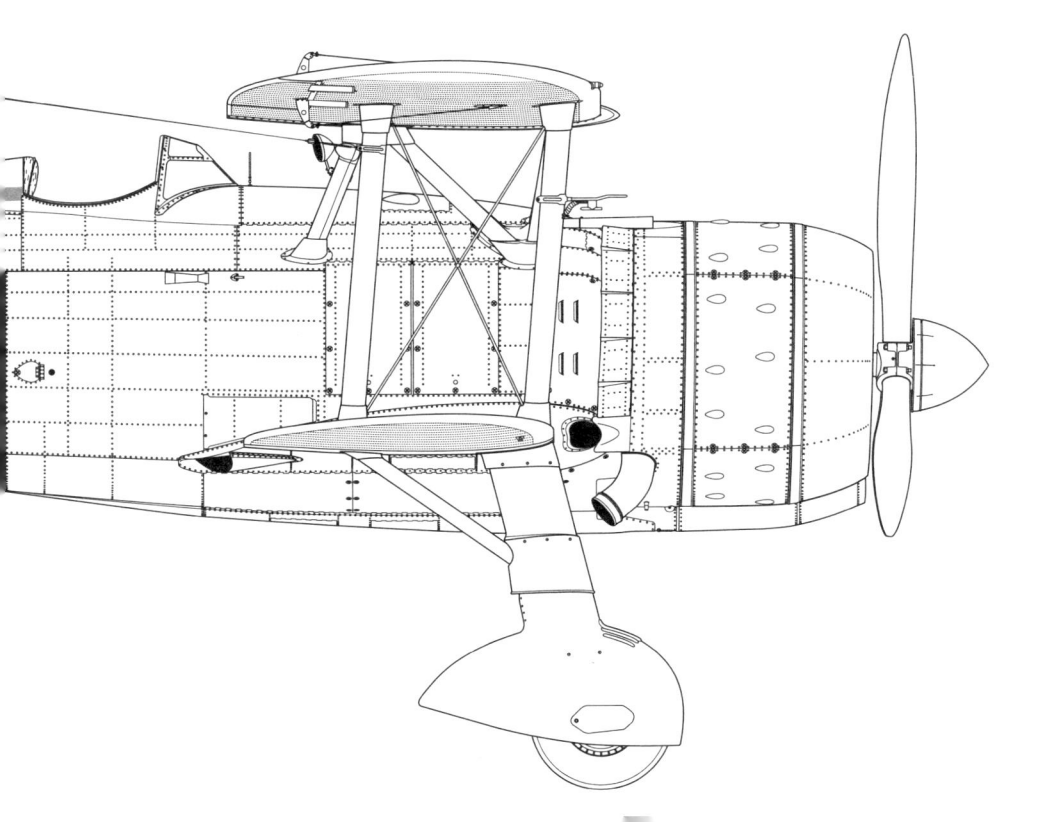

Fiat CR.42

Fiat CR.
Fiat CR

Drawings/rysował: © Alessandro & Camillo Cordasco

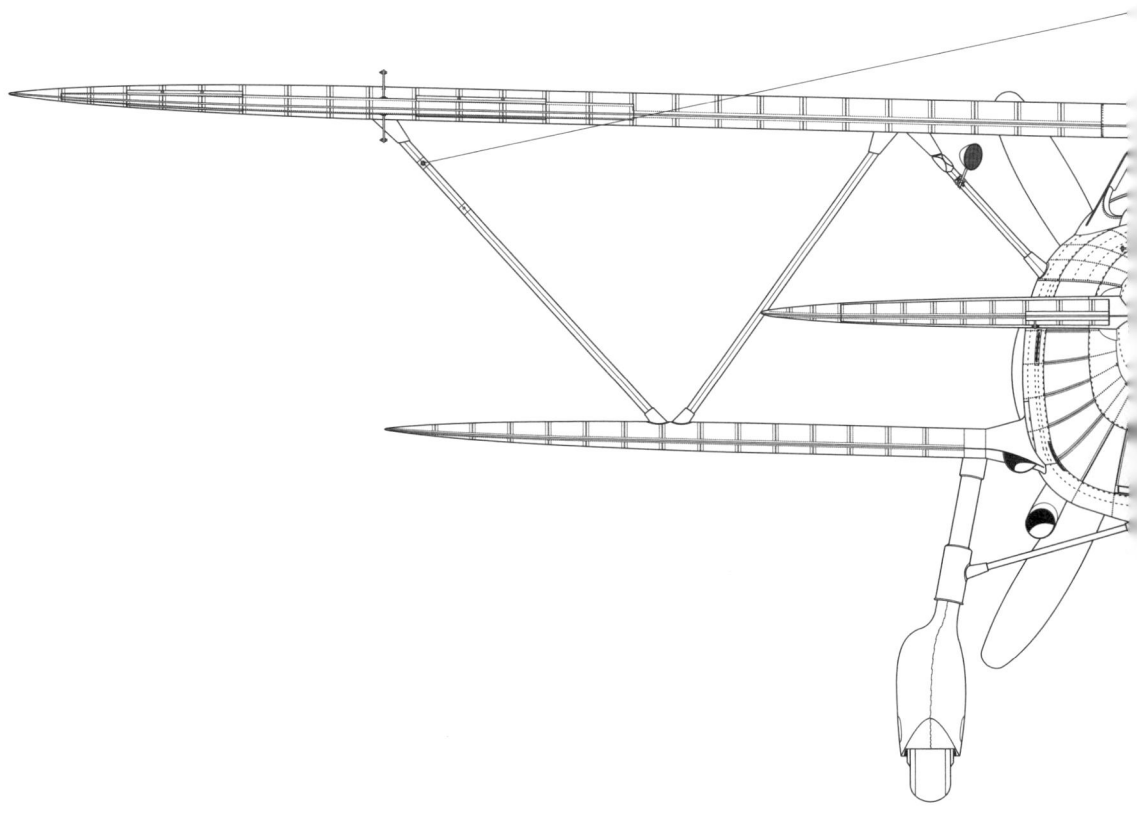

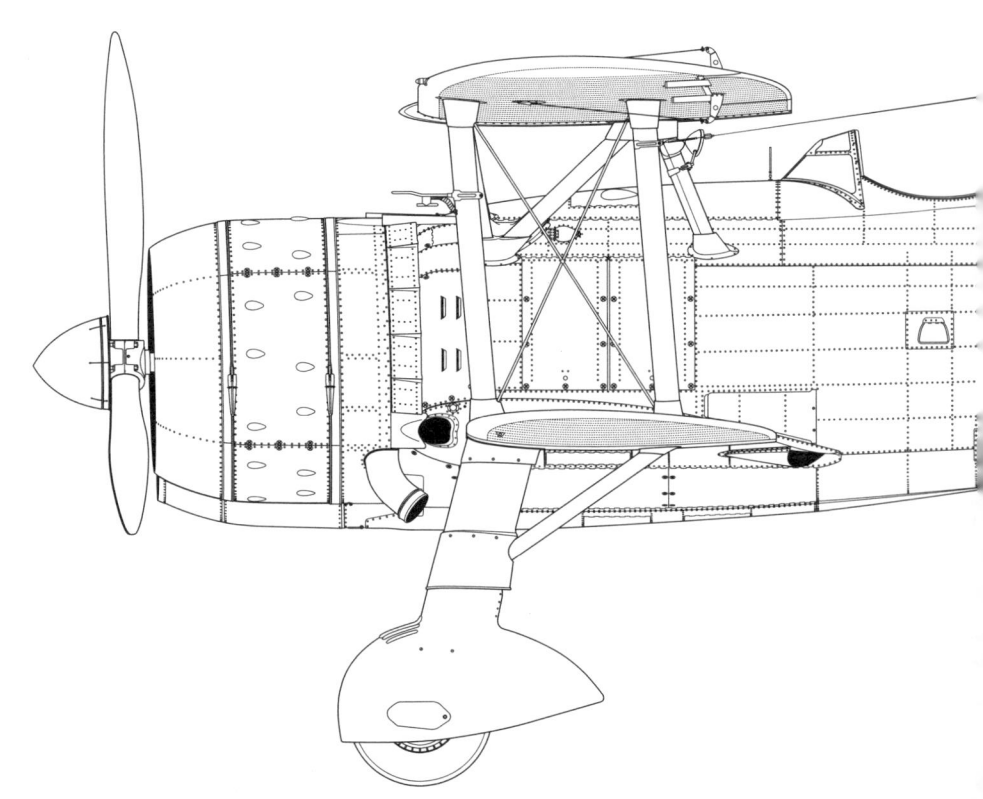

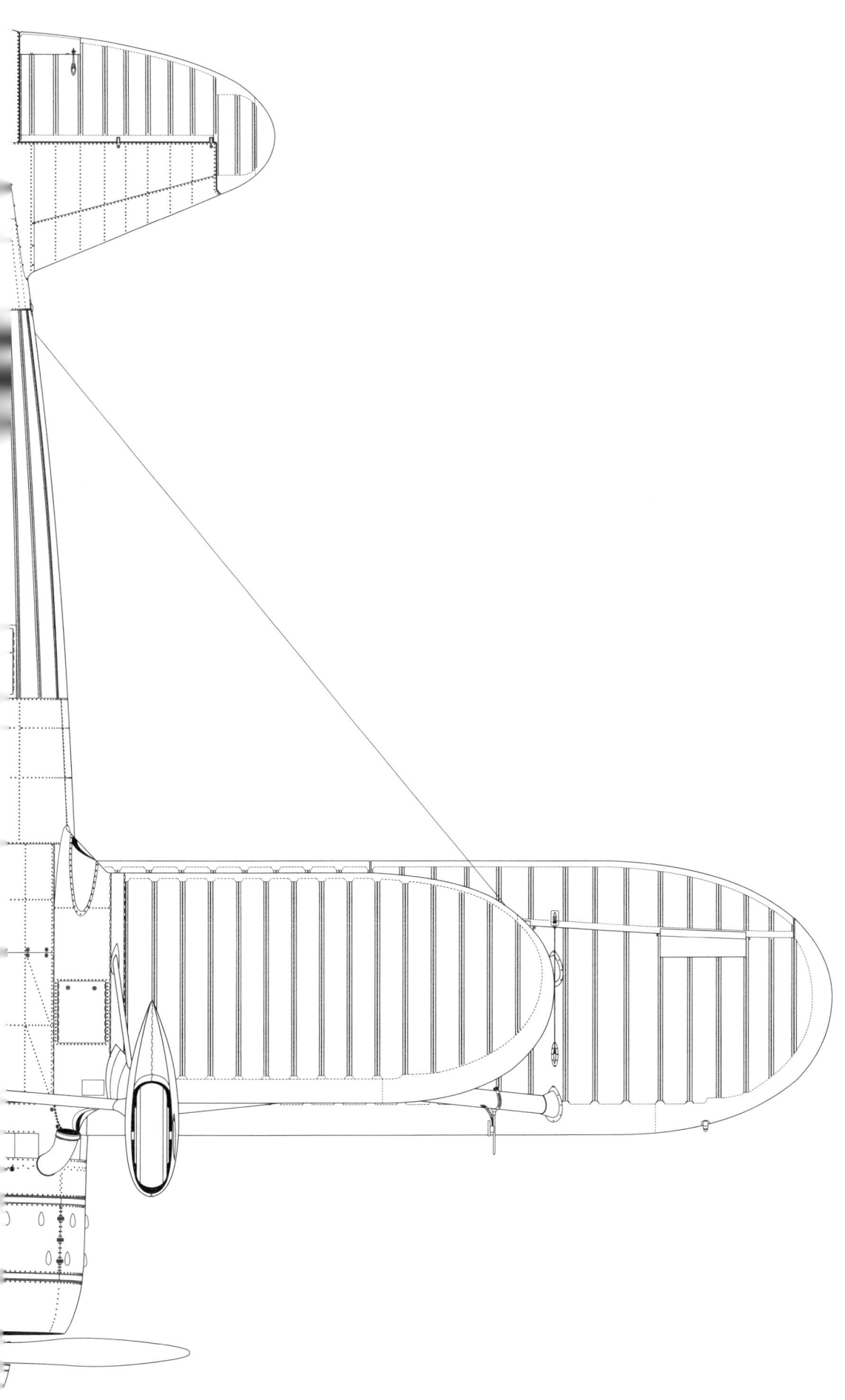

Scale/Skala 1/32

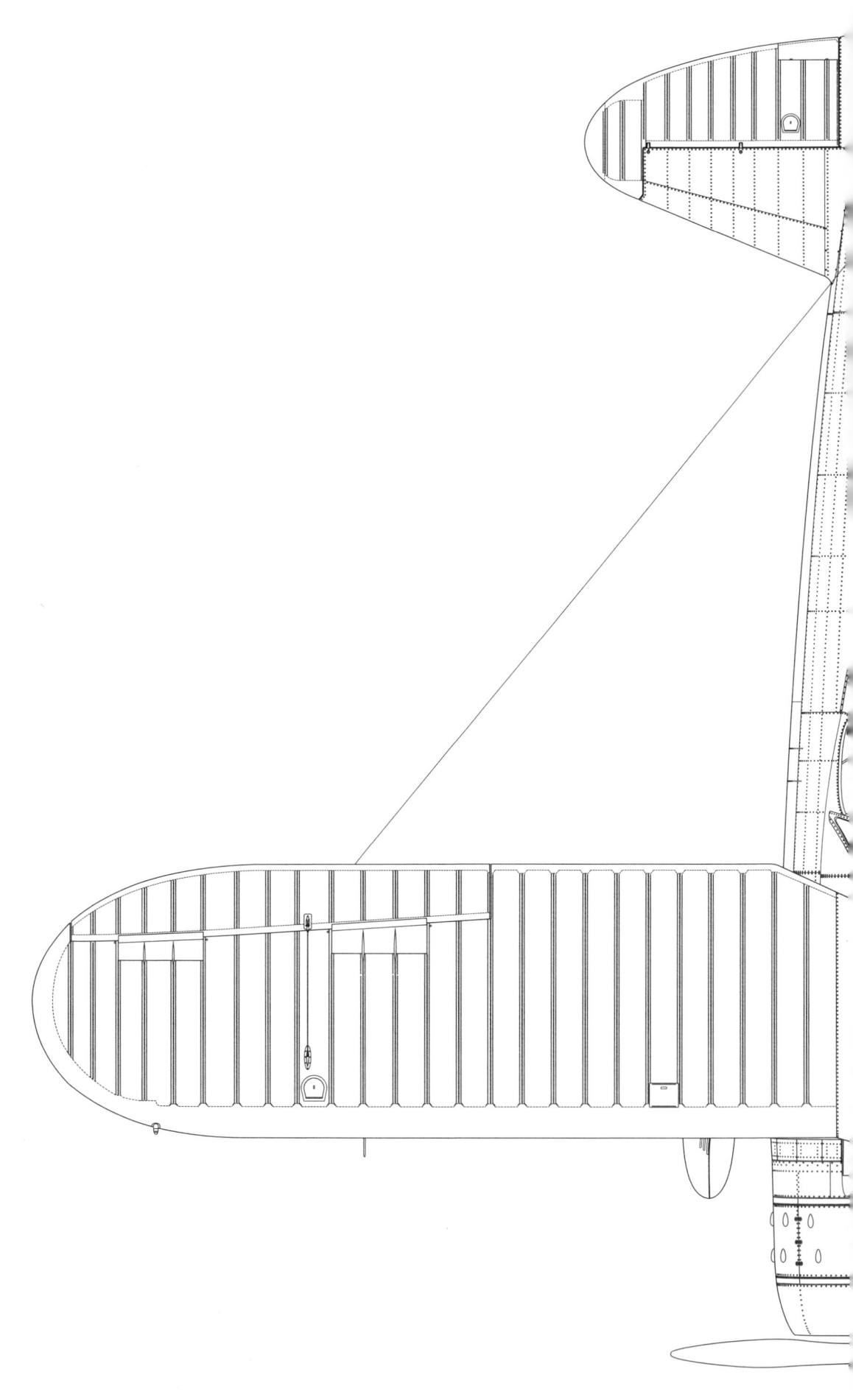

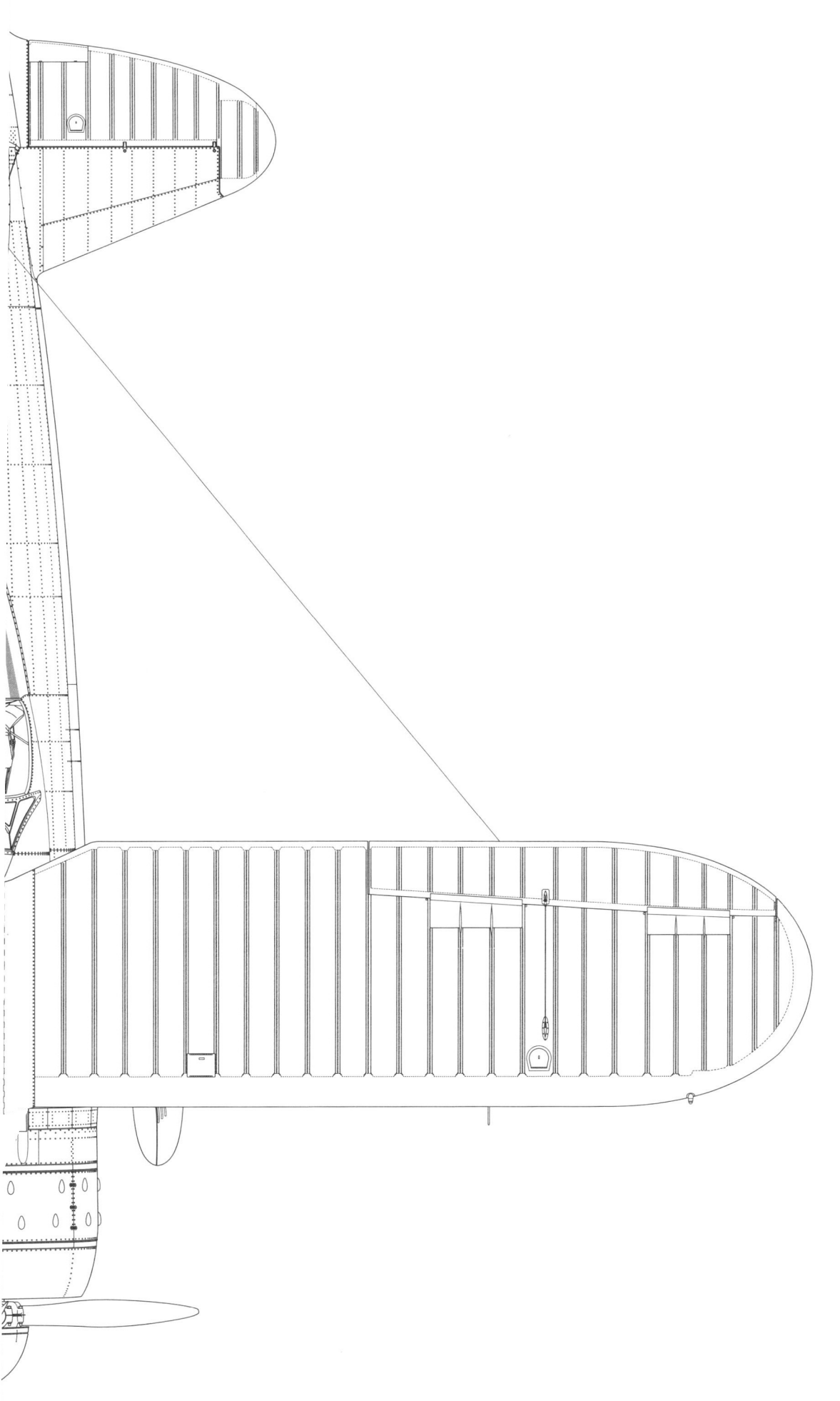

Scale/Skala 1/32

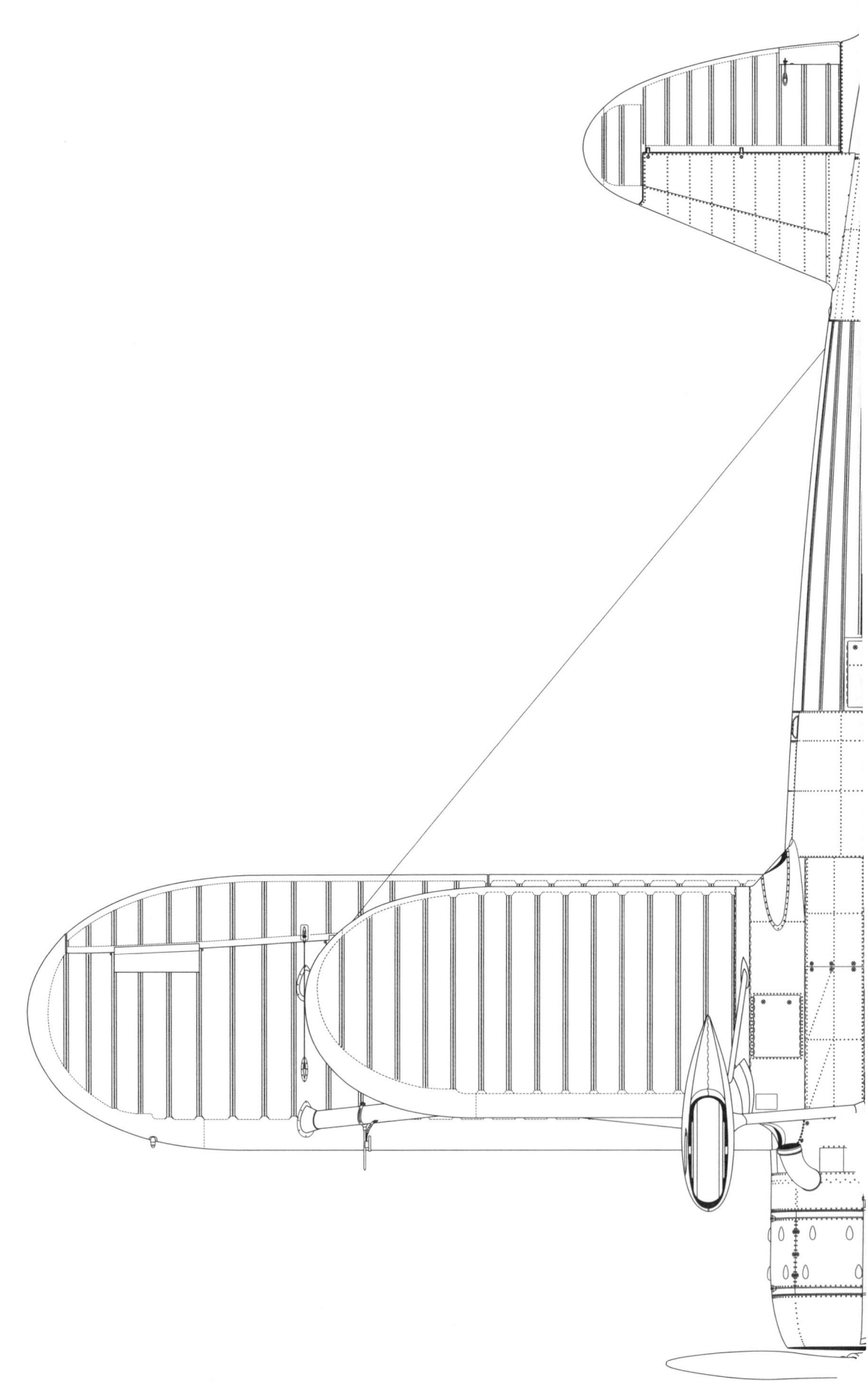

RIE III

ria III

Sheet/Arkusz F

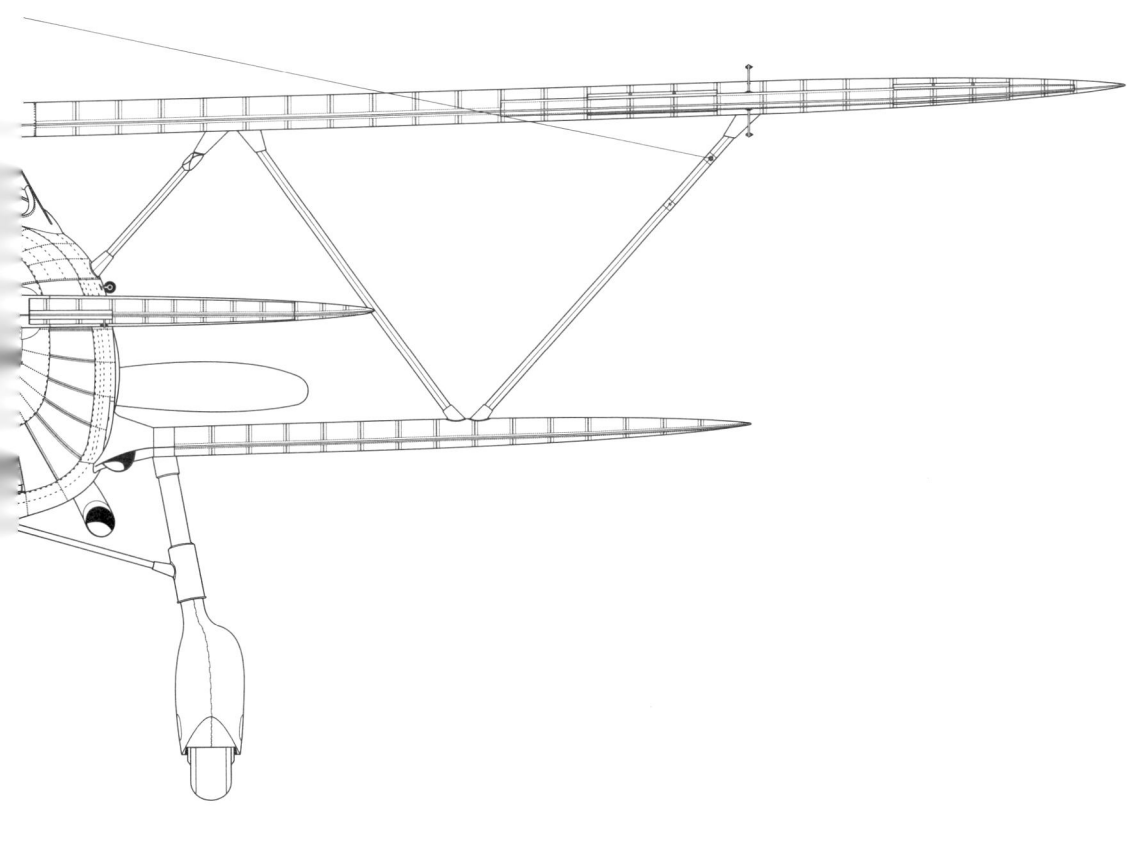

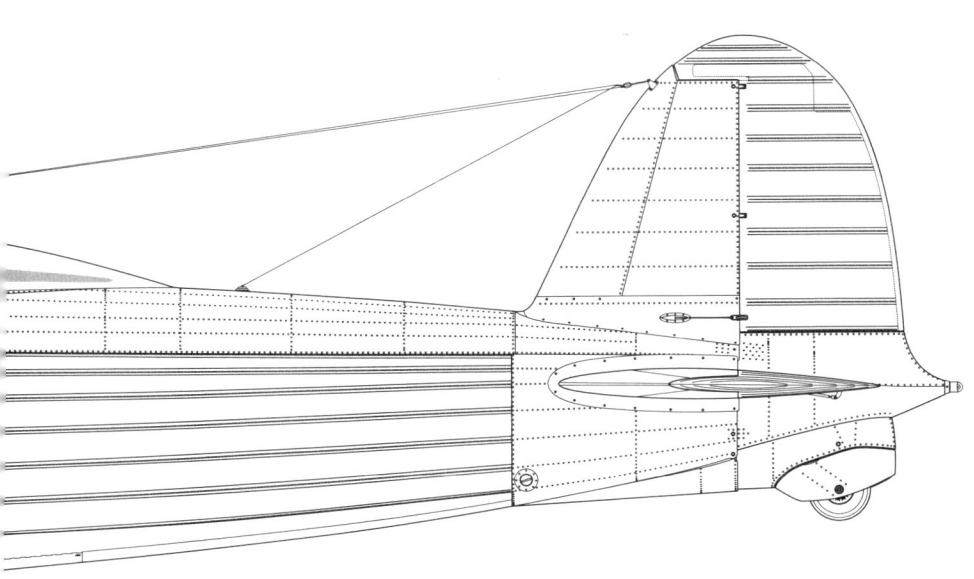

TOPDRAWINGS

Drawings/rysował: © Alessandro & Camillo Cordasco

Fiat CR.42

Fiat C
Fiat C

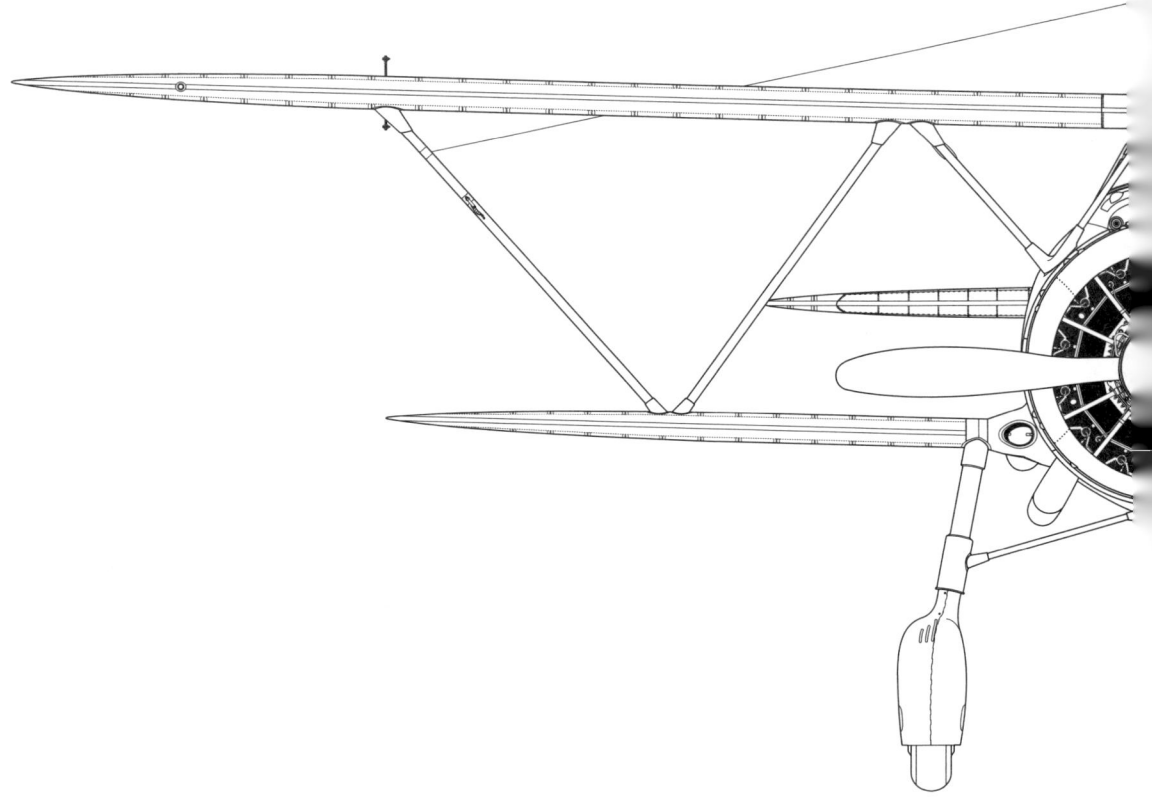

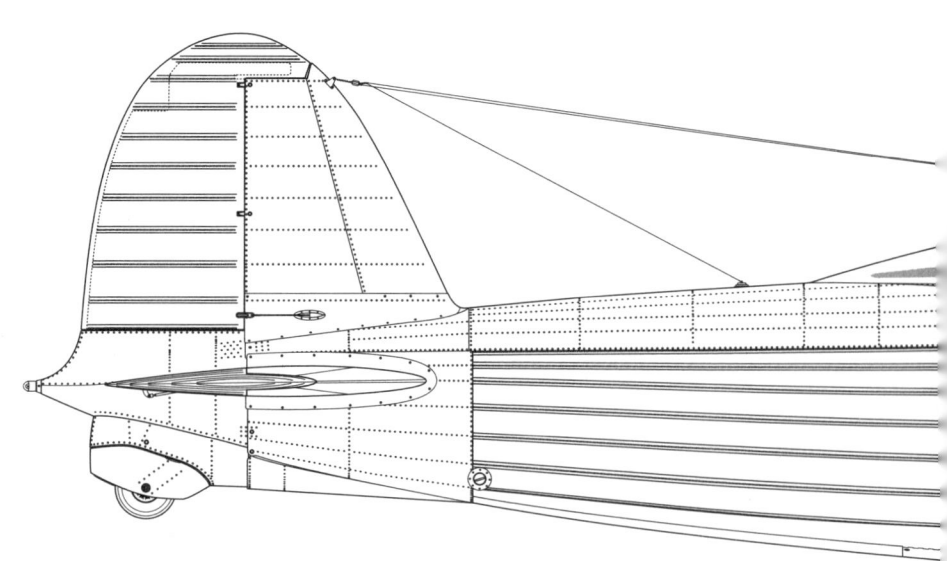

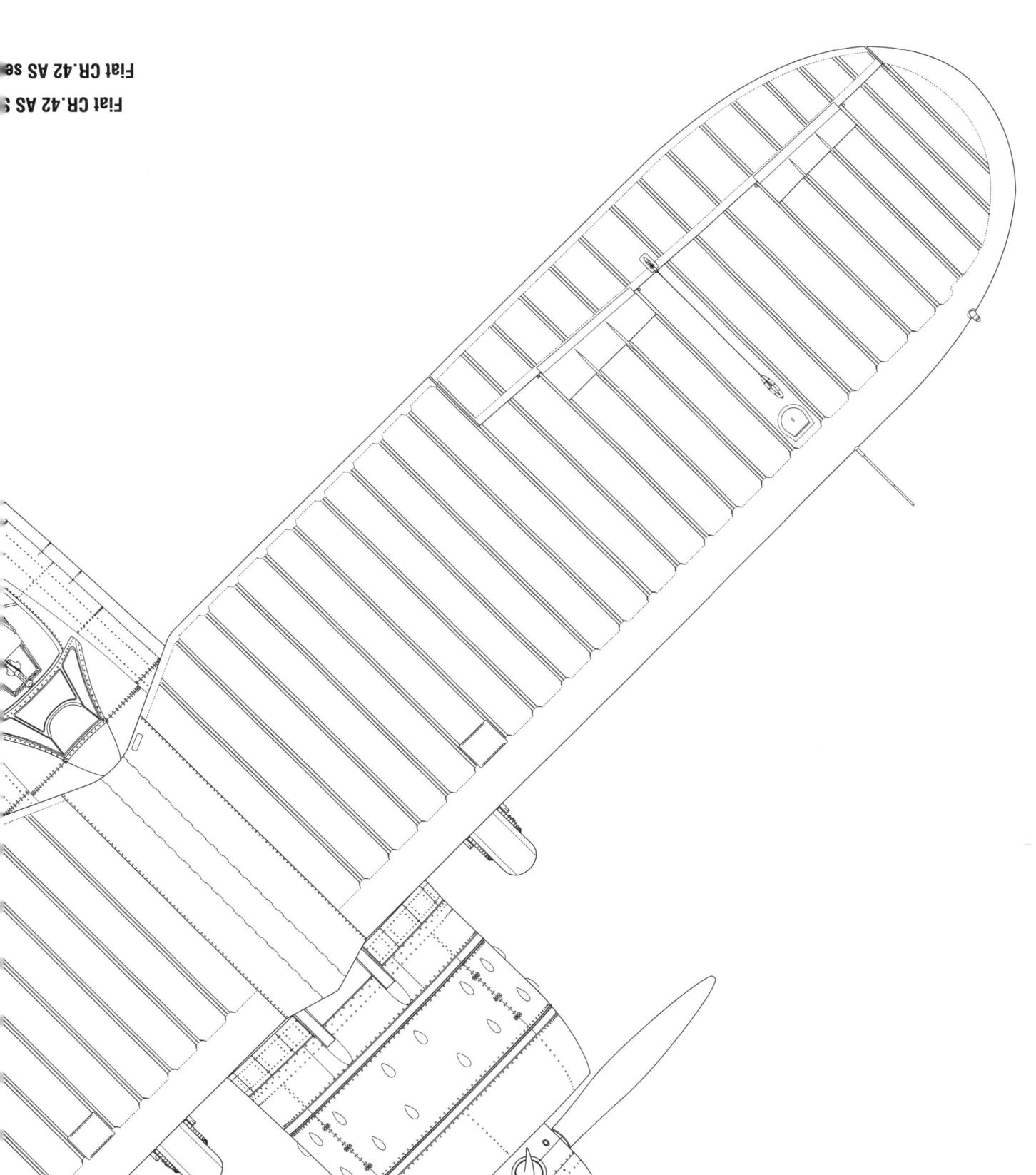

Scale/Skala 1/24

XII, XIII, bottom view
XII, XIII, widok z dołu

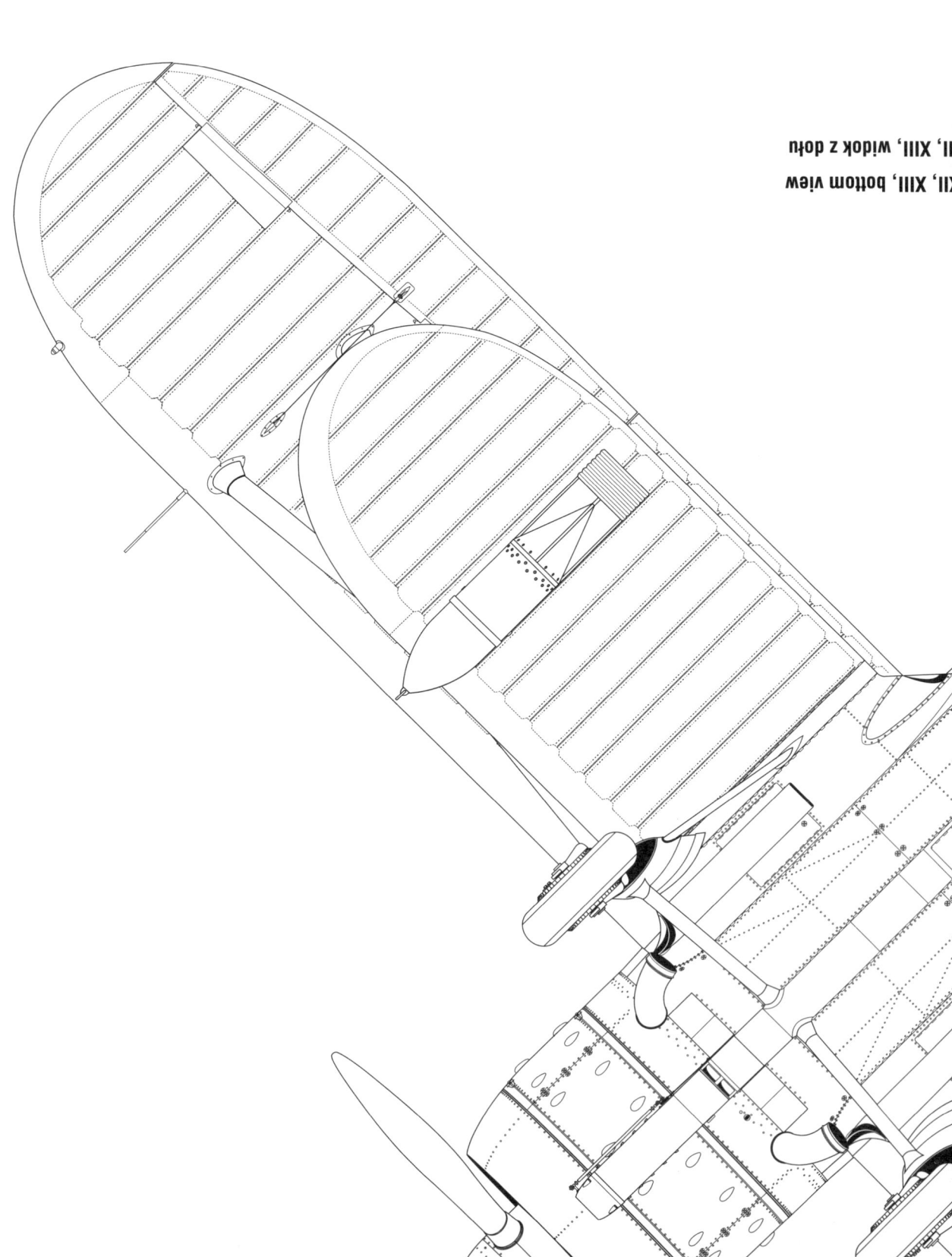

Sheet/Arkusz D

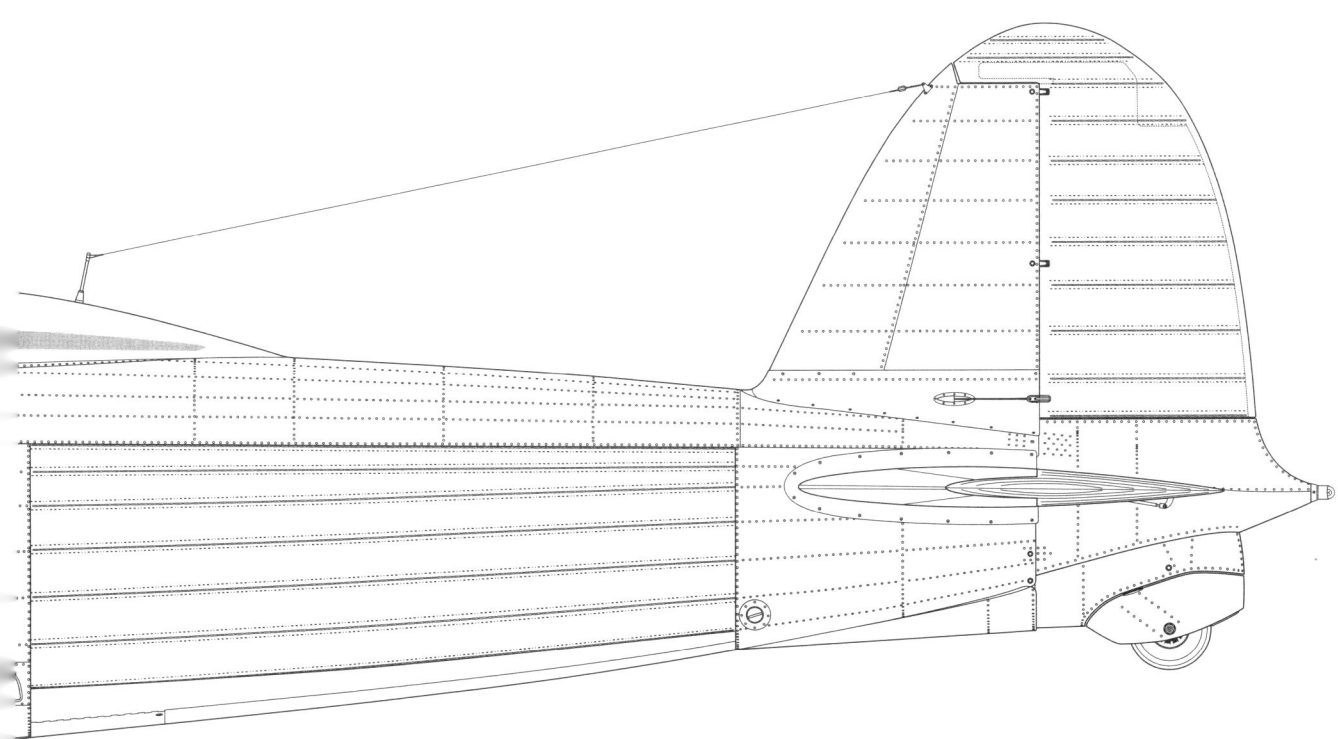

II, XIII, left side view

II, XIII, widok z lewej

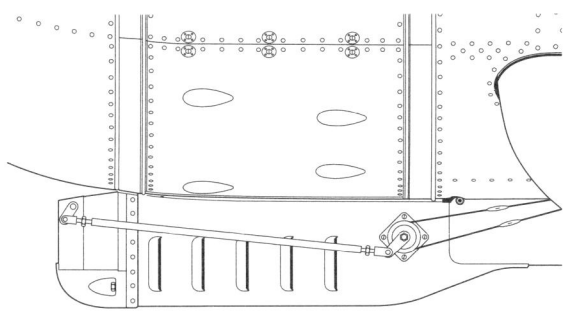

Anti-sand filter detail (no scale)

Filtr przeciwpyłowy (bez skali)

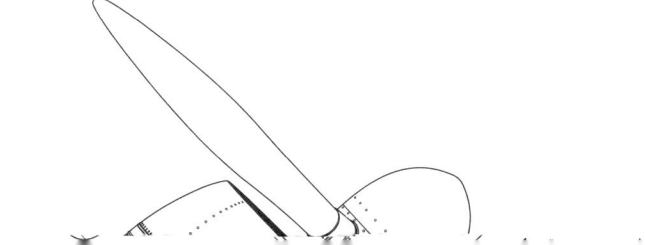

Fiat CR.42

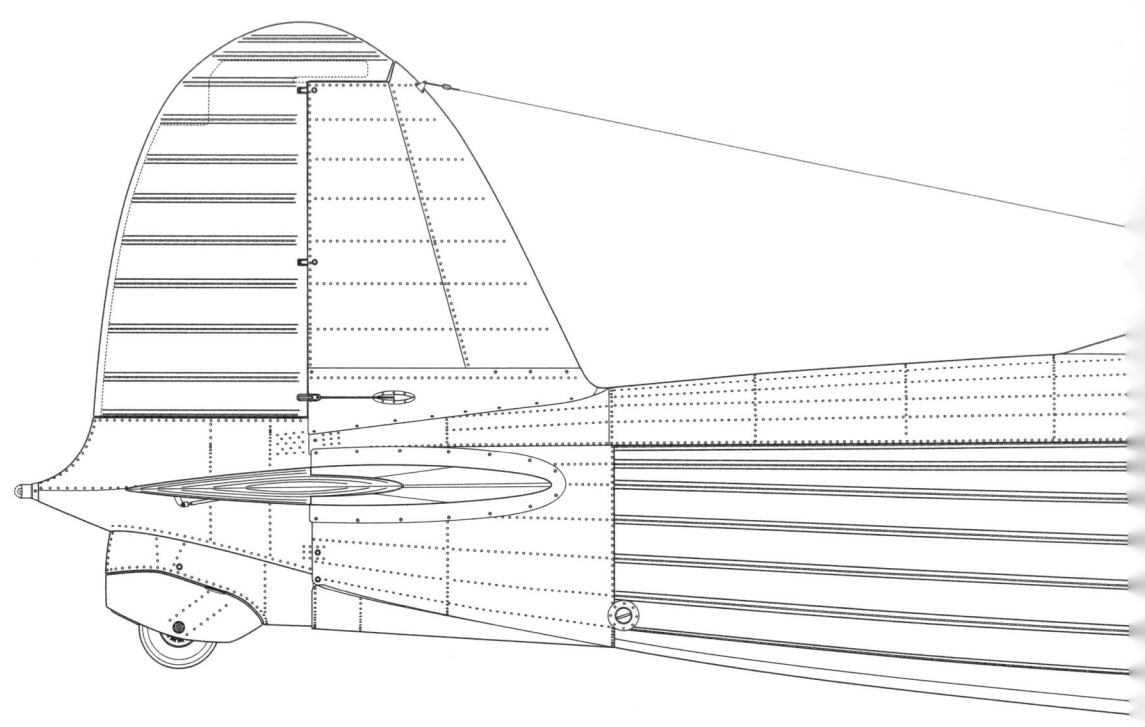

Fiat CR.42 AS SERIE X,
Fiat CR.42 AS seria X,

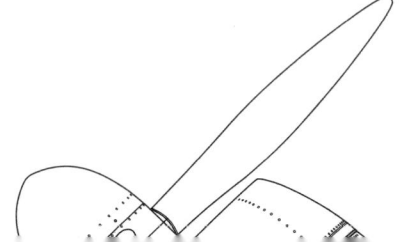

Fiat CR.42 Serie II (MM 307) no. V-237, pilot Sàzados Gyorgy Gulden, Squadron Leader of 2/4 "Tor" vàdszszàzad – Magyar Kiraly Hoved Légiéro, Eastern Front, Yugoslavia, April 1941.

Fiat CR.42 seria II (nr wojskowy 307) o numerze bocznym V-237. Pilot Sàzados Gyorgy Gulden – dowódca węgierskiej jednostki myśliwskiej 2/4 „Tor" vàdasz-szàzad. Front wschodni, Jugosławia. Kwiecień 1941 r.

Fiat CR.42 LW (last series) E8+BK, Feldwebel Horst Grebler 2./NSG 9 Luftwaffe Torino-Caselle airfield, Northern Italy, spring 1944.

Fiat CR.42 LW (ostatnia seria) w barwach Luftwaffe. Samolot o kodzie bocznym E8+BK. Pilot: Feldwebel Horst Grebler z 2./NSG 9. Lotnisko Torino-Caselle w północnych Włoszech. Wiosna 1944 r.

Painted by / Malował:
Alessandro Cordasco, Camillo Cordasco

Painted by / Malował:
Alessandro Cordasco, Camillo Cordasco

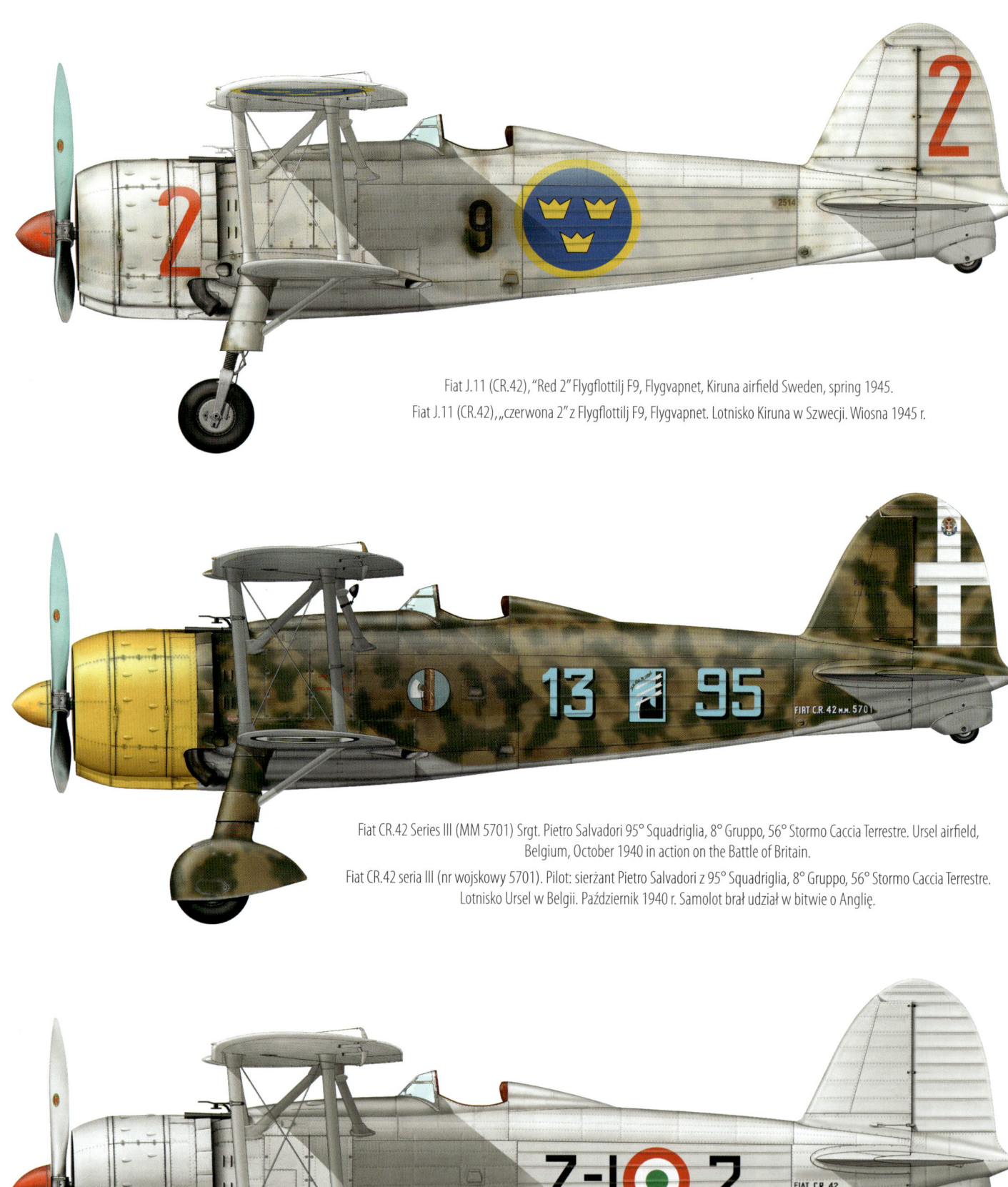

Fiat J.11 (CR.42), "Red 2" Flygflottilj F9, Flygvapnet, Kiruna airfield Sweden, spring 1945.
Fiat J.11 (CR.42), „czerwona 2" z Flygflottilj F9, Flygvapnet. Lotnisko Kiruna w Szwecji. Wiosna 1945 r.

Fiat CR.42 Series III (MM 5701) Srgt. Pietro Salvadori 95° Squadriglia, 8° Gruppo, 56° Stormo Caccia Terrestre. Ursel airfield, Belgium, October 1940 in action on the Battle of Britain.
Fiat CR.42 seria III (nr wojskowy 5701). Pilot: sierżant Pietro Salvadori z 95° Squadriglia, 8° Gruppo, 56° Stormo Caccia Terrestre. Lotnisko Ursel w Belgii. Październik 1940 r. Samolot brał udział w bitwie o Anglię.

Fiat CR.42 Series III (MM 5609) 1a Zona Aerea Territoriale Aeronautica Militare Italiana, Milano-Linate airfield, Italy 1946.
Fiat CR.42 seria III (nr wojskowy 5609) z 1. Strefy Terytorialnej Włoskiego Lotnictwa Wojskowego. Lotnisko Milano-Linate we Włoszech, 1946 r.

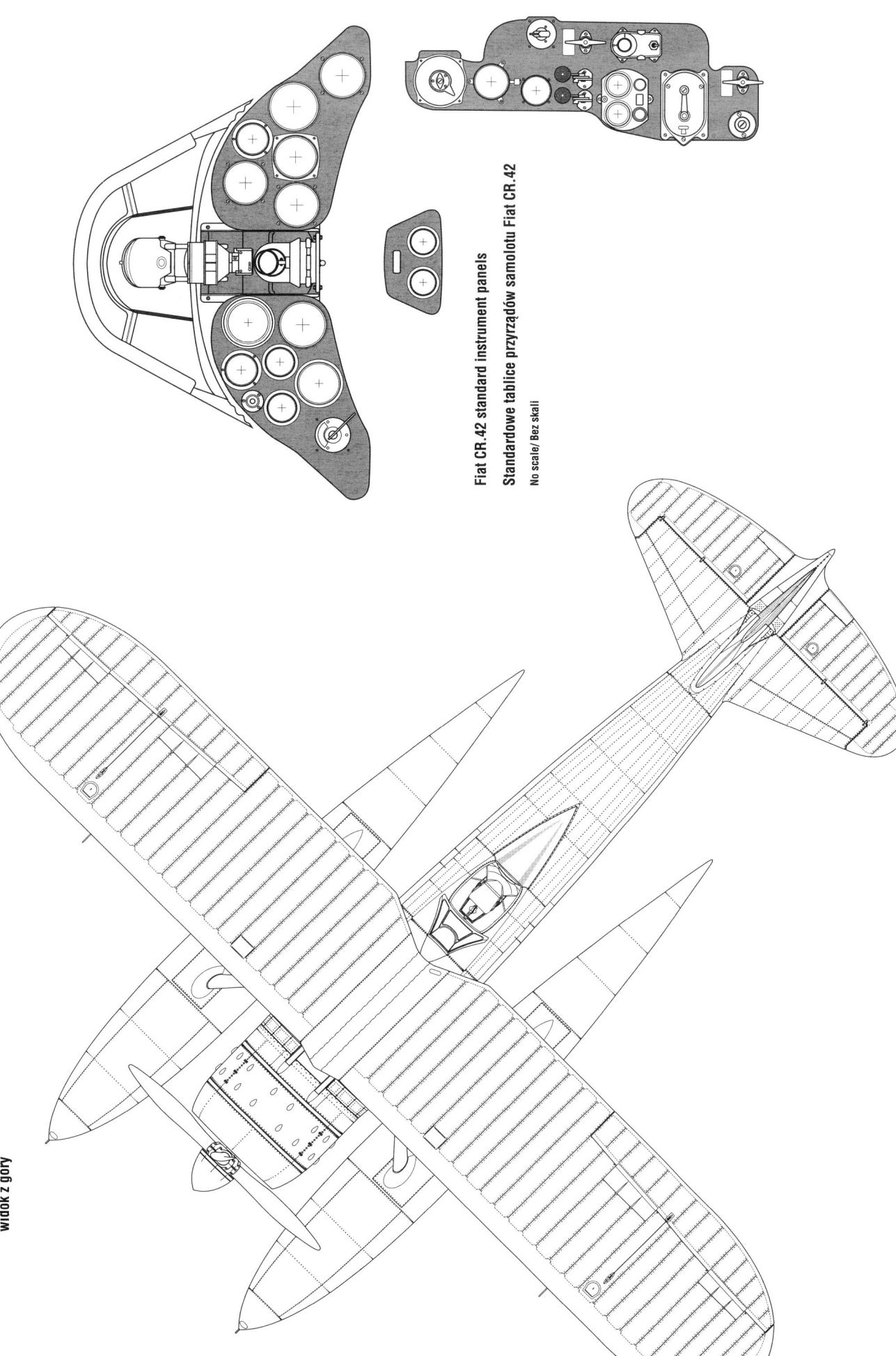

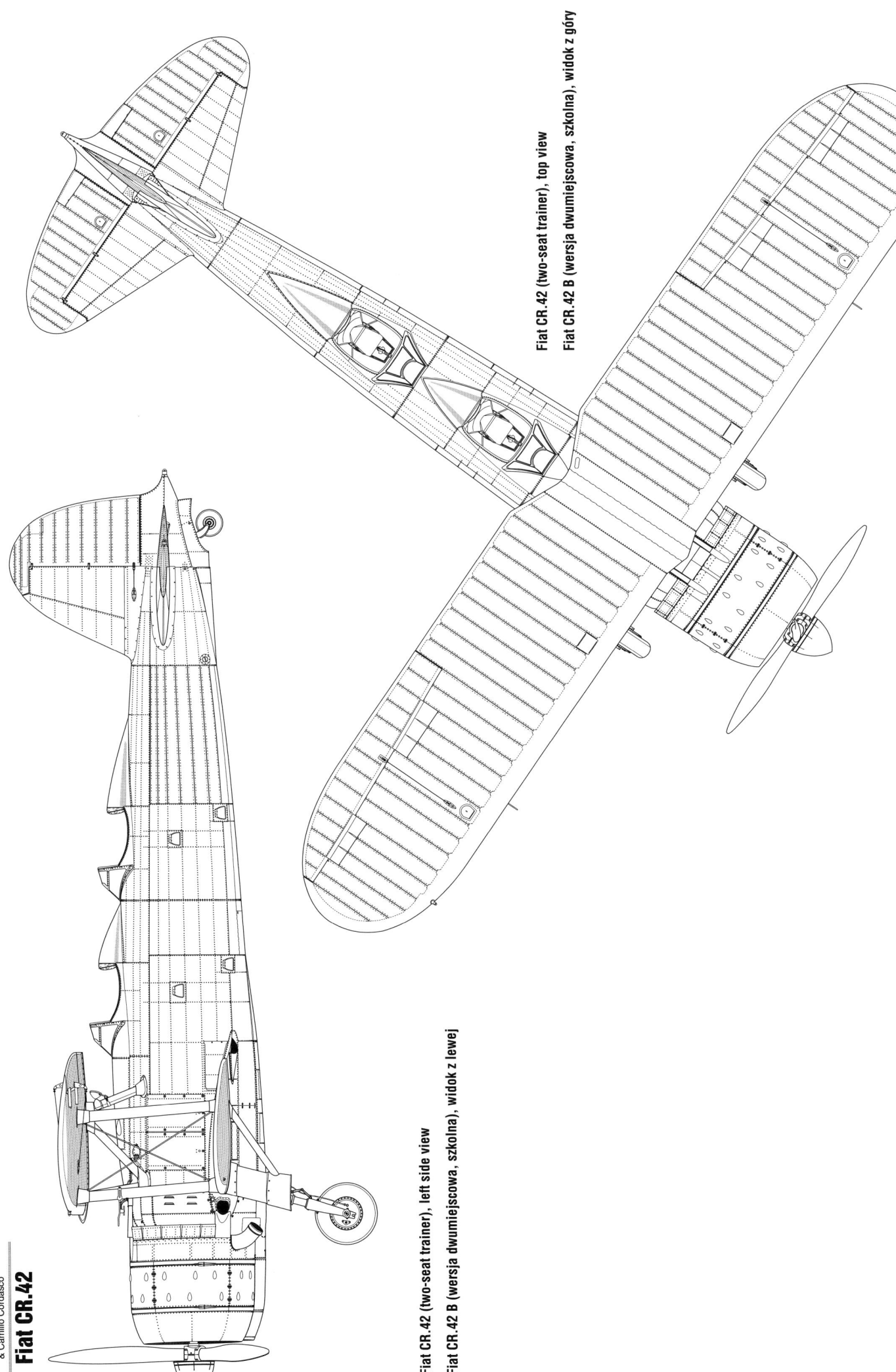

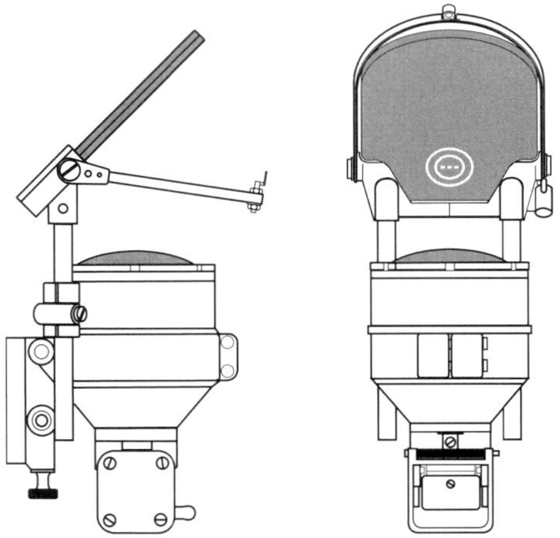

Sheet/Arkusz 12

Fiat CR.42

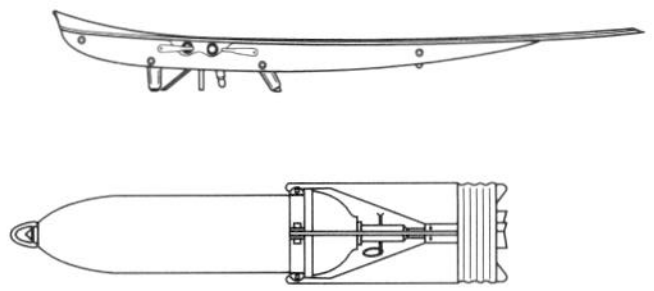

15 kg bomb (italian)
Włoska bomba 15-kilogramowa

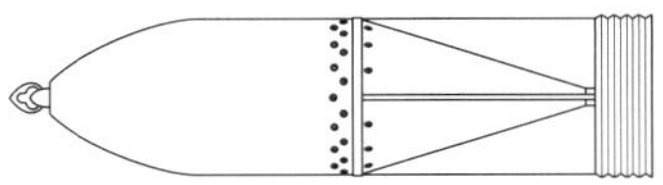

50 kg bomb (italian)
Włoska bomba 50-kilogramowa

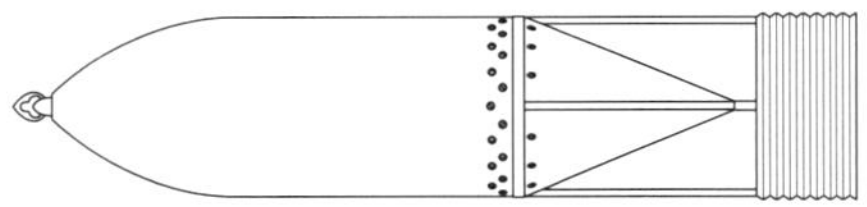

100 kg bomb (italian)
Włoska bomba 100-kilogramowa

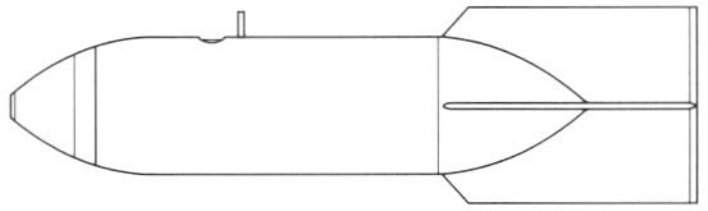

50 kg bomb (german)
Niemiecka bomba 50-kilogramowa

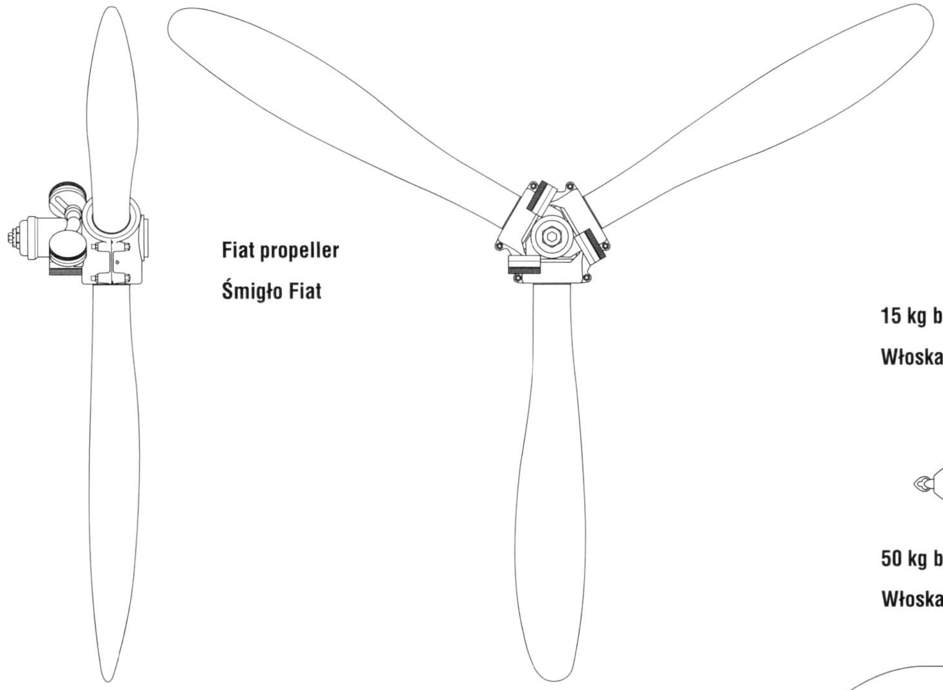

Fiat propeller
Śmigło Fiat

San Giorgio gunsight type B
Celownik San Giorgio typ B

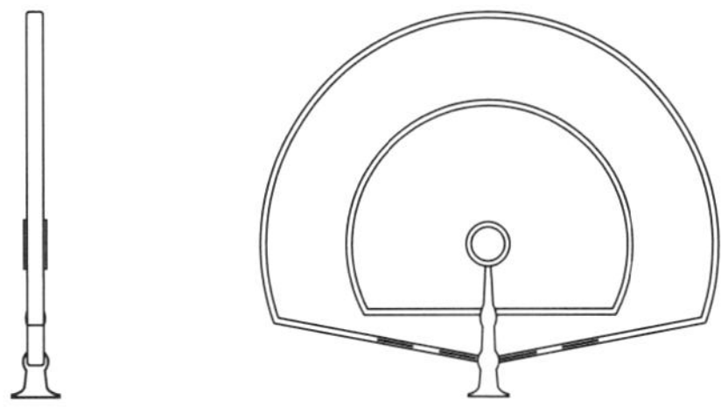

"Fixed" gunsight
Stały celownik

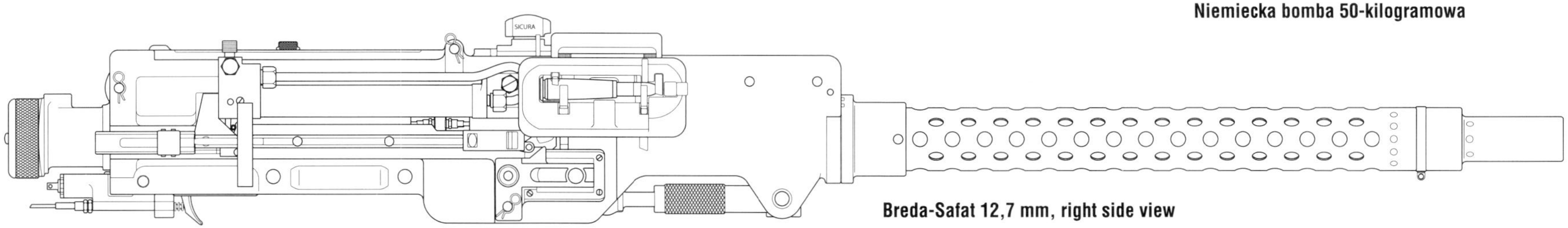

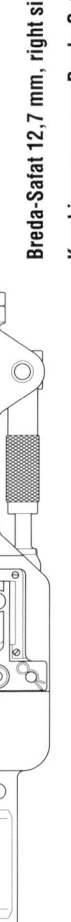

Breda-Safat 12,7 mm, right side view
Karabin maszynowy Breda-Safat kal. 12,7 mm, widok z prawej

No scale/Bez skali

Sheet/Arkusz 13

Fiat CR.42

Drawings/rysował: © Alessandro & Camillo Cordasco

Fiat A.74 RC.38, engine plate
Tabliczka znamionowa silnika Fiat A.74 RC.38

Fiat A.74 RC.38, side view
Silnik Fiat A.74 RC.38, widok z lewej

Fiat A.74 RC.38, front view
Silnik Fiat A.74 RC.38, widok z przodu

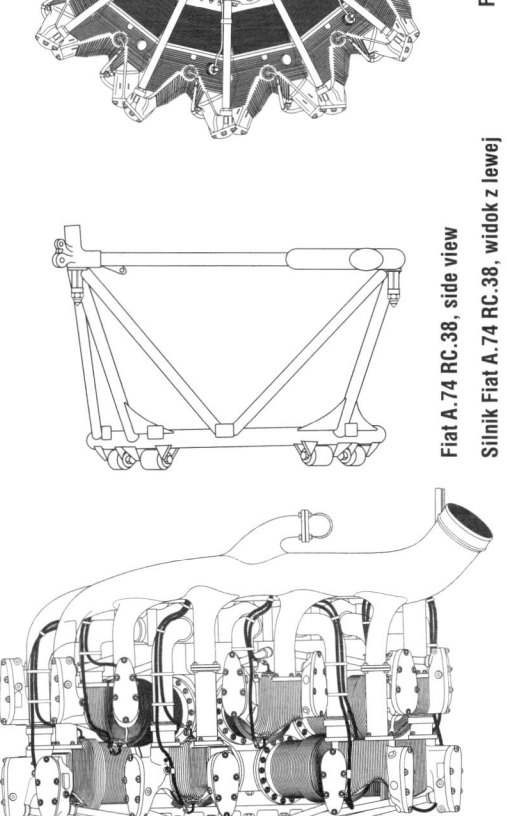

Fiat A.74 RC.38, front view
Silnik Fiat A.74 RC.38, widok z przodu

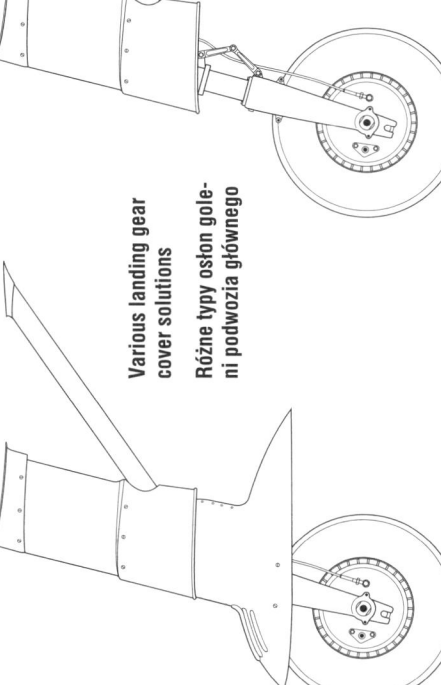

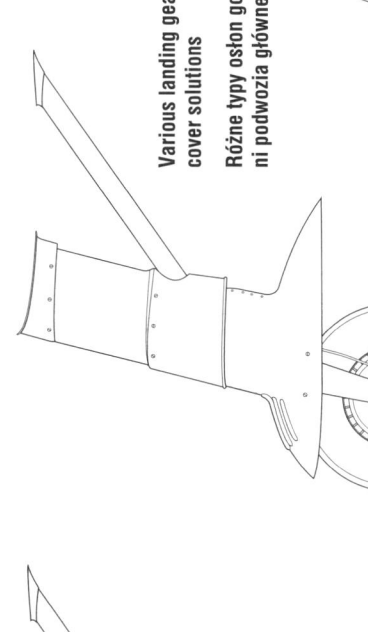

Various landing gear cover solutions
Różne typy osłon goleni podwozia głównego

Scale/Skala: 1/24, 1/32, 1/48

www.kagero.eu
www.shop.kagero.pl

Fiat CR.42

TOPDRAWINGS
Drawings/rysował: © Alessandro & Camillo Cordasco

Sheet/Arkusz 14

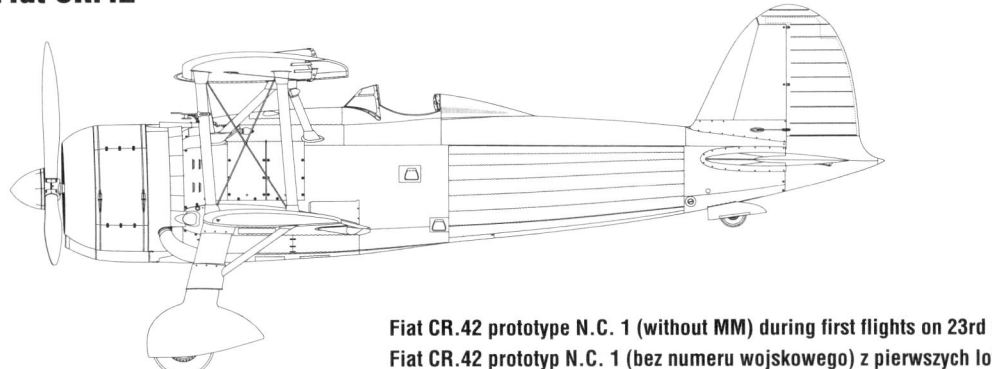

Fiat CR.42 prototype N.C. 1 (without MM) during first flights on 23rd of May, 1938
Fiat CR.42 prototyp N.C. 1 (bez numeru wojskowego) z pierwszych lotów 23 maja 1938 r.

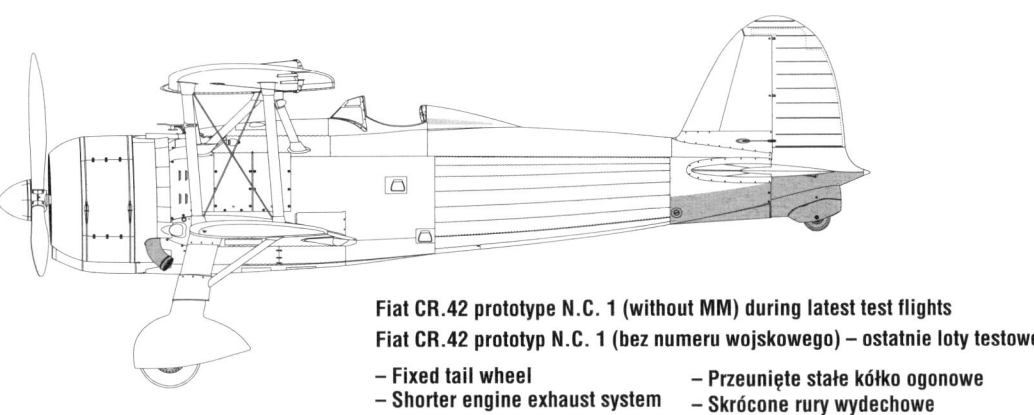

Fiat CR.42 prototype N.C. 1 (without MM) during latest test flights
Fiat CR.42 prototyp N.C. 1 (bez numeru wojskowego) – ostatnie loty testowe

– Fixed tail wheel
– Shorter engine exhaust system

– Przeunięte stałe kółko ogonowe
– Skrócone rury wydechowe

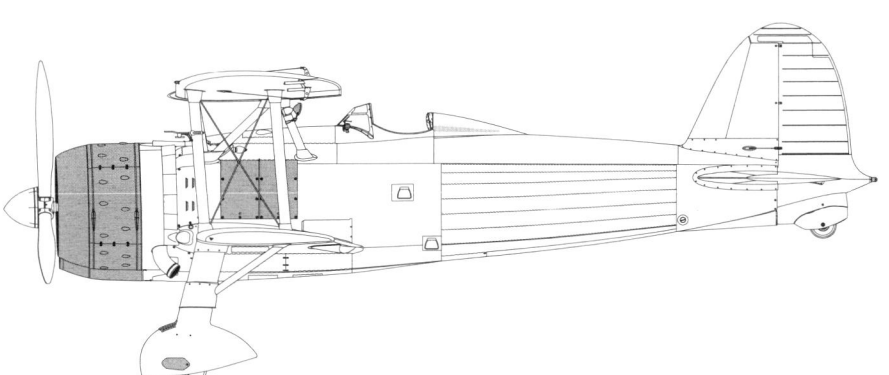

Windscreen, prototype and SERIE I, top view
Wiatrochron montowany na prototypie oraz serii I, widok z góry

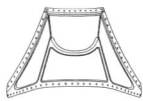

Windscreen, others SERIE, top view
Wiatrochron montowany na pozostałych seriach, widok z góry

Fiat CR.42 SERIE I–II

– New engine bonnet and bulges added
– Lights predisposition on upper wing from MM 4275 to MM 4386
– Lights predisposition on upper wing and tail from MM 4387 to MM 4423
– Complete position lights system from MM 4424 to the end
– New round engine air intake
– Fuselage access panel with new screws configuration
– New windscreen solution (see drawings above)
– Rearview mirror (not placed in all aircrafts)
– New battery frame from MM 4265 to MM 4423
– New landing gear cover reinforcement
– New wheel hub access panel
– Gunsight San Giorgio Tybe B

Fiat CR.42 seria I–II

– Nowa osłona silnika z wybrzuszeniami
– Miejsce na światła na górnym płacie (od egzemplarza MM 4275 do 4386)
– Miejsce na światła na górnym płacie oraz ogonie (od egzemplarza MM 4387 do 4423)
– Komplet świateł pozycyjnych (od egzemplarza 4424 do końca produkcji)
– Nowy okrągły chwyt powietrza do silnika
– Panel dostępu do kadłuba z nową konfiguracją śrub
– Nowy rodzaj wiatrochronu (niestosowany na wszystkich maszynach)
– Nowa rama akumulatora (od egzemplarza 4265 do 4423)
– Nowe wzmocnienie osłon podwozia głównego
– Nowy wziernik do na osłonie kół
– Celownik San Giorgio typ B

Scale/skala 1/72

www.kagero.eu
www.shop.kagero.pl

Fiat CR.42

Sheet/Arkusz 15

Drawings/rysował: © Alessandro & Camillo Cordasco

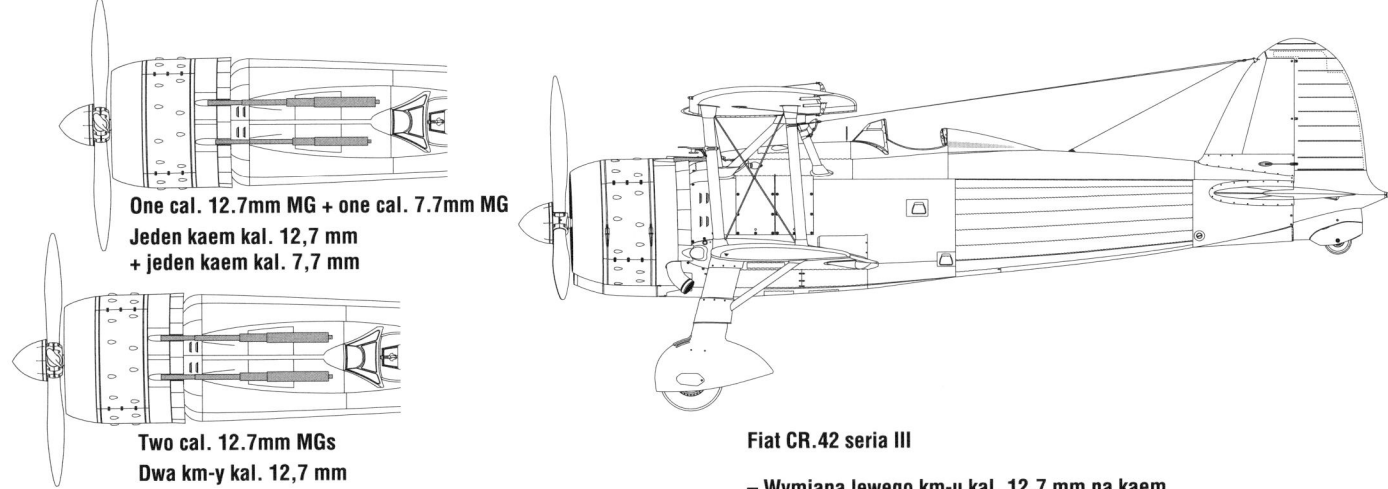

One cal. 12.7mm MG + one cal. 7.7mm MG
Jeden kaem kal. 12,7 mm + jeden kaem kal. 7,7 mm

Two cal. 12.7mm MGs
Dwa km-y kal. 12,7 mm

Fiat CR.42 SERIE III

– Left gun cal. 7,7 instead gun cal. 12,7 from SERIE III to SERIE VIII
– Fixed gunsight instead San Giorgio Type B (only some aircrafts of SERIE III–IV and first batch of SERIE V)
– Some aircrafts with SAF AR type A.R. 1 radio system (only receiver) and after type A.R.C. 1 (trasmitter and receiver system)

Fiat CR.42 seria III

– Wymiana lewego km-u kal. 12,7 mm na kaem kal. 7,7 mm (od serii III do VIII)
– Stały celownik zamiast celownika San Giorgio typ B (tylko niektóre egzemplarze serii III–IV i pierwsze płatowce serii V)
– Niektóre samoloty posiadały radiostację SAF A.R. 1 (tylko odbiornik), a następnie A.R.C. 1 (nadajnik i odbiornik)

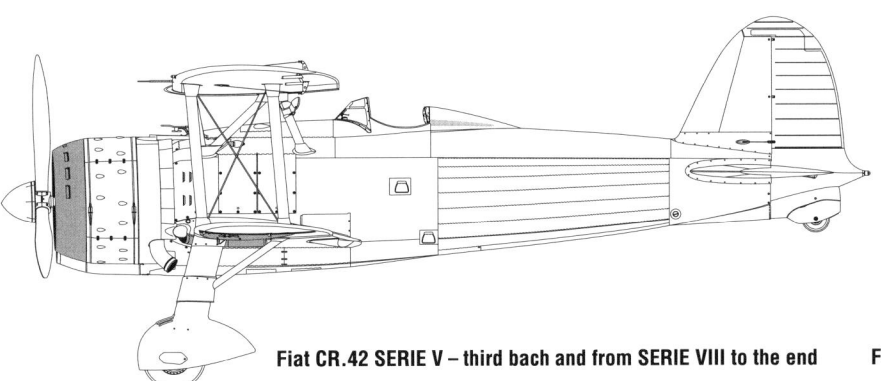

Fiat CR.42 SERIE V – third bach and from SERIE VIII to the end

– Bombs under the lower wing (50 and 100 kg and later also 40, 15 and 12 kg)
– New engine air inlets (n. 8)
– New Pitot tube type and relocated on the left upper wing (from MM 7135 SERIE VIII to the end)
– Additional oil radiators in the lower wing attack

Fiat CR.42 seria V (trzecia partia) do serii VIII

– Bomby podwieszane pod dolnym płatem (50- i 100-kilogramowe, później również 40-, 15-, i 12-kilogramowe)
– Nowe wloty powietrza do silnika (8)
– Nowa rurka Pitota przeniesiona na lewe górne skrzydło (od egzemplarza 7135 serii VIII do końca produkcji)
– Dodatkowe chłodnice oleju na dolnym płacie

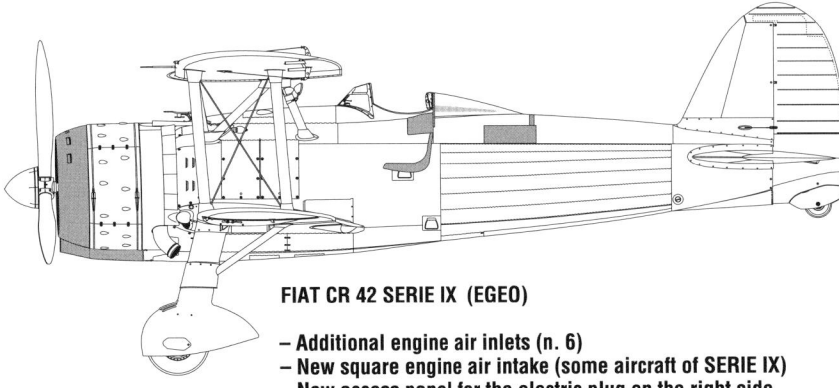

FIAT CR 42 SERIE IX (EGEO)

– Additional engine air inlets (n. 6)
– New square engine air intake (some aircraft of SERIE IX)
– New access panel for the electric plug on the right side (from MM 7632 to the last aircraft of the SERIE and aircrafts in maintenance service time)
– New armour plates (seat, head and lateral protections)
– Lower left wing camera predisposition (from MM 7509 to the end)
– New frame for flare gun
– Additional 55 lt. fuel tank (placed also in some SERIE X aircrafts)
– 55 litre fuel tank predisposition from SERIE IX to the end
– From this SERIE to the end again n.2 fuselage gun cal. 12,7

Fiat CR.42 seria IX (EGEO)

– Dodatkowe wloty powietrza do silnika (6)
– Nowy kwadratowy chwyt powietrza do silnika (niektóre samoloty serii IX)
– Nowy panel dostępu do gniazda ładowania elektrycznego z prawej strony (od egzemplarza 7632 do końca serii IX oraz samoloty po remontach w trakcie służby)
– Nowe płyty pancerne chroniące fotel pilota (boki i zagłówek)
– Miejsce na aparat na lewym dolnym skrzydle (od egzemplarza 7509 do końca produkcji)
– Nowy montaż rakietnicy
– Dodatkowy zbiornik paliwa o pojemności 55 l (montowany również w kilku egzemplarza serii X)
– Montaż zbiornika paliwa o pojemności 55 l stosowany od serii IX do końca produkcji
– Ponowne wprowadzenie drugiego kadłubowego km-u kal. 12,7 mm (od serii IX do końca produkcji)

www.kagero.eu
www.shop.kagero.pl

Scale/skala 1/72

Sheet/Arkusz 16

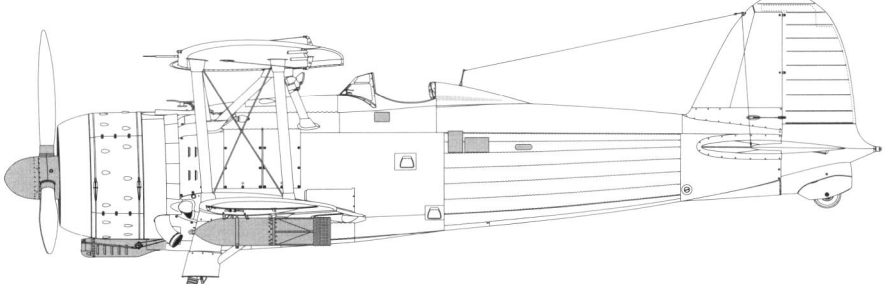

Additional tail antennas
Dodatkowe anteny na ogonie

Fiat CR.42 AS seria X, XI, XII, XIII

– New nose cone for propeller hub protection (anti-sand device)
– Rubber sleeves for propeller hub protection (anti-sand device)
– Rubber sleeves for main landing gear protection (anti-sand device)
– New anti-sand filter
– 50, 100 kg and later also 40, 15 and 12 kg bombs
– Main landing gear cover often removed
– SAF AR radio system type A.R.C. 5 (with two additional tail antennas)
– New flare system
– It. 55 additional fuel tank type "Egeo"
– New first aid access panel in the left side of fuselage (from MM 8495 to the last aircraft of the SERIE and aircrafts in maintenance service time)

Fiat CR.42 AS seria X, XI, XII, XIII

– Nowy kołpak śmigła (ochrona przeciwpyłowa)
– Gumowe osłony kołpaka śmigła (ochrona przeciwpyłowa)
– Gumowe osłony podwozia głównego (ochrona przeciwpyłowa)
– Bomby 50- i 100-kilogramowe, później także 40-, 15- i 12-kilogramowe
– Osłony podwozia głównego często były zdejmowane
– Radiostacja SAF A.R.C. 5 (z dwoma dodatkowymi antenami na ogonie)
– Nowy sposób wystrzeliwania flar
– Dodatkowy zbiornik paliwa „Egeo" o pojemności 55 l
– Nowy panel dostępu do apteczki z lewej strony kadłuba (od egzemplarza 8495 do ostatniego egzemplarza serii XIII; montowany także podczas remontów w czasie służby)

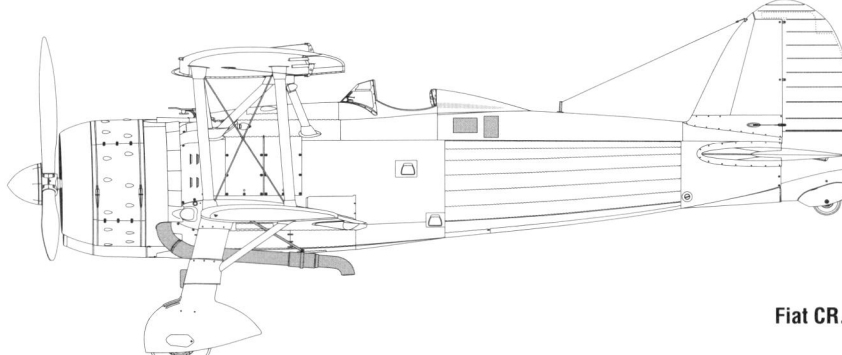

Short engine exhaust system (2˚ type) – not in scale
Krótka rura wydechowa drugiego typu – rysunek bez skali

Fiat CR.42 CN SERIE X (Caccia Notturna – Night Fighter)

– Headlight placed between landing gear covers (only in some aircrafts)
– New short-wave radio system type I.F.602
– Additional cockpit flight instruments

Note: many CR.42s of various series were modified for night fighter service, sometimes just with additional engine exhaust system

Fiat CR.42 CN seria X (Caccia Notturna – myśliwiec nocny)

– Nowy układ wydechowy (pierwszego typu)
– Reflektor do lądowania montowany pomiędzy osłonami podwozia głównego (tylko na niektórych egzemplarzach)
– Nowa radiostacja na fale krótkie, typu I.F. 602
– Dodatkowe przyrządy pokładowe w kokpicie

Uwaga: wiele CR.42 z różnych serii produkcyjnych zostało zmodyfikowanych do zadań nocnych jedynie poprzez przerobienie systemu wydechowego

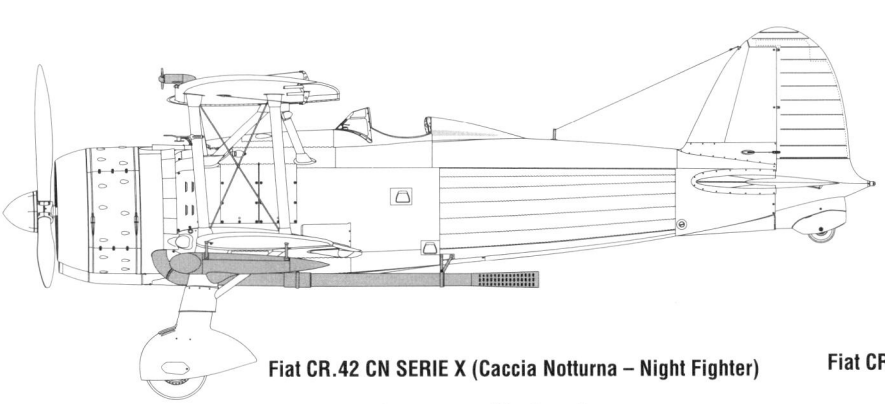

Fiat CR.42 CN SERIE X (Caccia Notturna – Night Fighter)

– Longer exahust system (final type)
– Auxiliary electric generator placed on the upper wing
– New headlights under each lower wing

Fiat CR.42 CN seria X (Caccia Notturna – myśliwiec nocny)

– Długa rura wydechowa (ostateczna wersja)
– Dodatkowa prądnica umieszczona na górnym płacie
– Nowe reflektory pod każdym skrzydłem dolnego płata

Scale/skala 1/72

Sheet/Arkusz 17

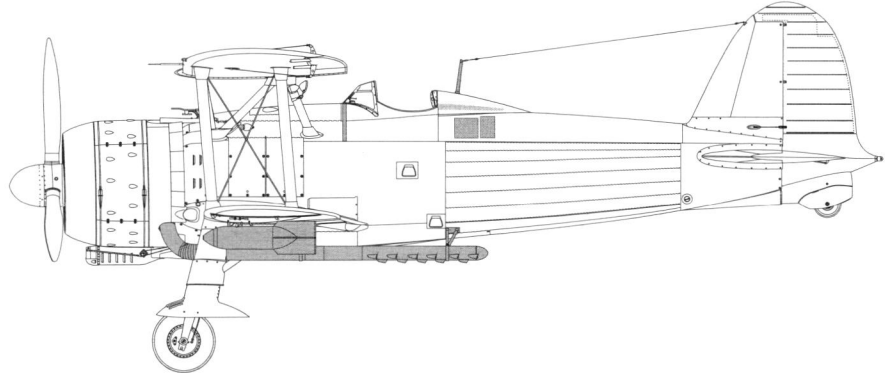

Fiat CR.42 LW (LUFTWAFFE) SERIE XIV–XV
(and some aircrafts captured after italian armistice, September, 1943)

– New engine exhuast system
– New German radio system type FuG 17
– 50-kg bombs type SD 50
– Some German cockpit instruments

Fiat CR.42 LW (wersja dla Luftwaffe) seria XIV–XV
(oraz niektóre samoloty przejęte po rozejmie podpisanym przez Włochy we wrześniu 1943 r.)

– Nowy układ wydechowy
– Niemiecka radiostacja FuG 17
– Niemieckie 50-kilogramowe bomby SD 50
– Niektóre instrumenty pokładowe zamienione na niemieckie

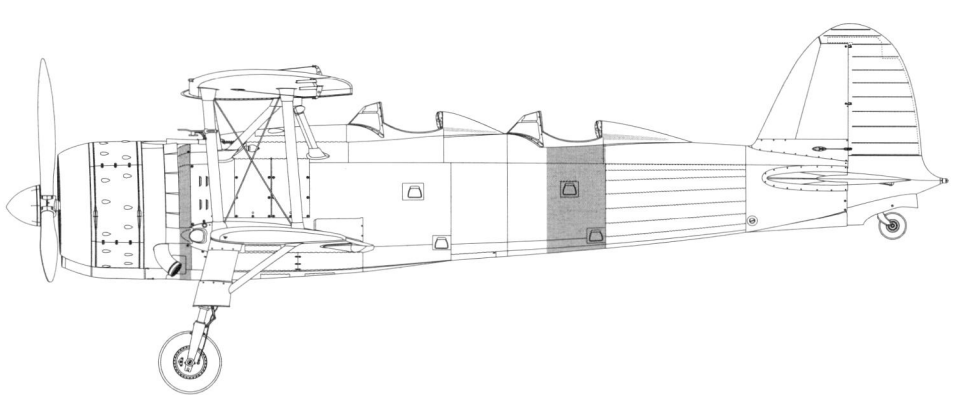

Fiat CR.42 B (two-seat trainer)

– Longer engine mount (plus about 12cm)
– Longer fuselage (plus about 56cm)
– Without gun (some AMI aircrafts in post-war service)

Fiat CR.42 B (dwumiejscowy, szkolny)

– Dłuższe łoże silnika (o ok. 12 cm)
– Dłuższy kadłub (o ok. 56 cm)
– Samolot pozbawiony uzbrojenia (niektóre maszyny wykorzystywano do pomiarów w locie w okresie powojennym)

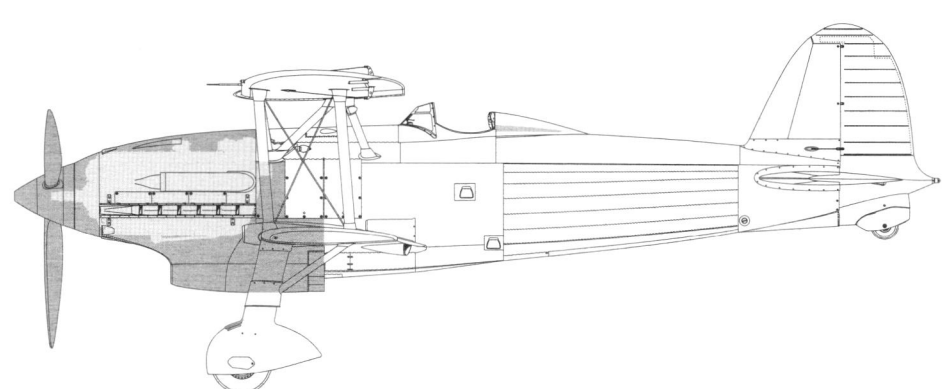

FIAT CR 42 DB MM 469

– Alfa Romeo RA 1000 RC41 engine (DB 601A)
– Macchi MC.202 engine mount
– Alfa Romeo propeller
– Macchi MC.202 nose cone (probably)

Fiat CR.42 DB (nr wojskowy 469)

– Silnik Alfa Romeo RA 1000 RC.41 (Db 601A)
– Łoże silnika wzięte z samolotu MC.202
– Śmigło Alfa Romeo
– Kołpak śmigła od MC.202 (prawdopodobnie)

Scale/skala 1/72

www.kagero.eu
www.shop.kagero.pl

Sheet/Arkusz 18

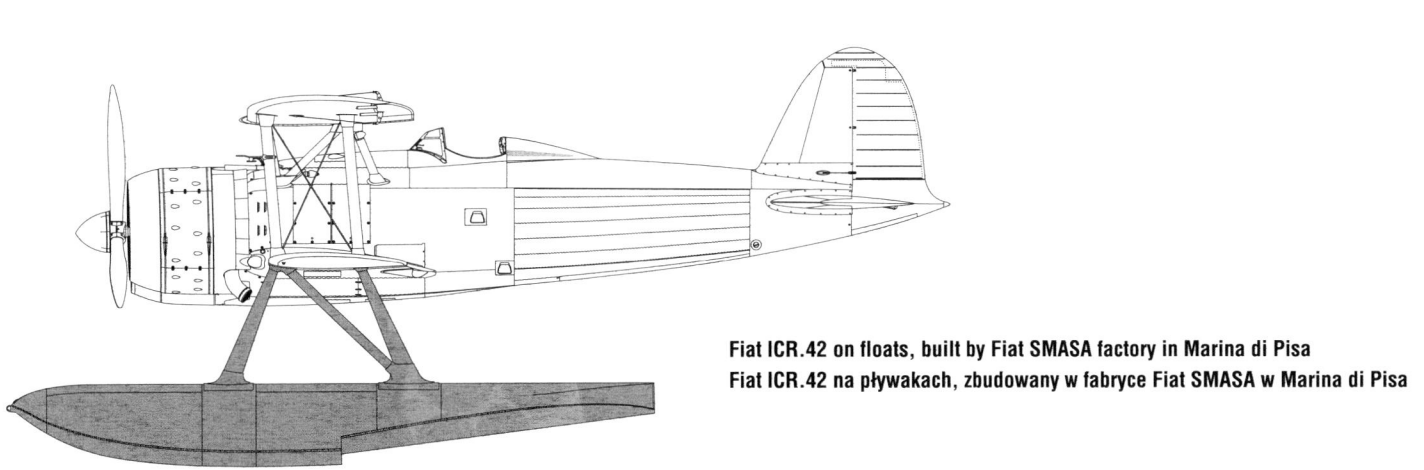

Fiat ICR.42 on floats, built by Fiat SMASA factory in Marina di Pisa
Fiat ICR.42 na pływakach, zbudowany w fabryce Fiat SMASA w Marina di Pisa

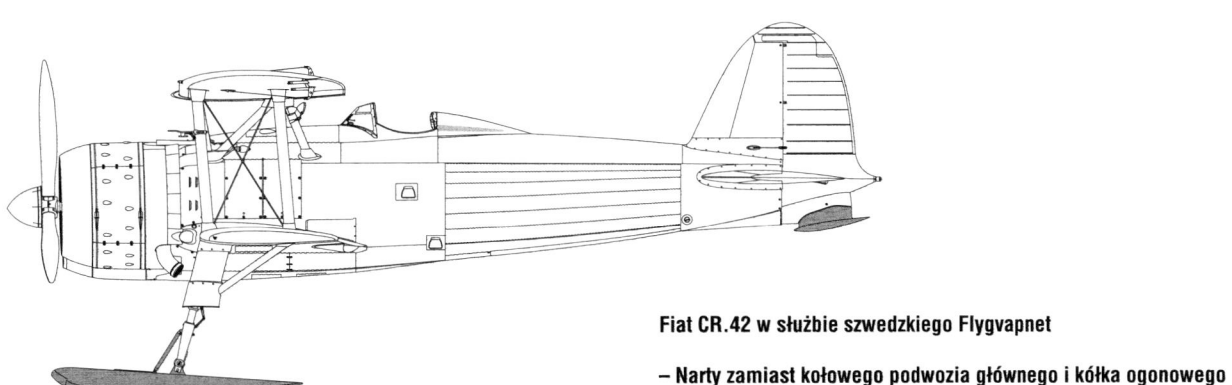

Fiat CR.42 w służbie szwedzkiego Flygvapnet
– Narty zamiast kołowego podwozia głównego i kółka ogonowego

Fiat CR.42 in Swedish Flygvapnet service
– Ski system instead of wheel landing gear and tailwheel

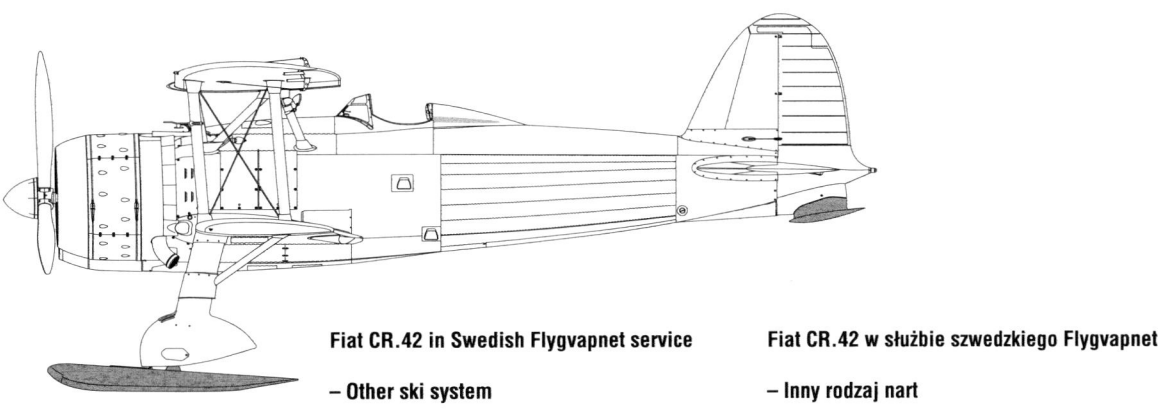

Fiat CR.42 in Swedish Flygvapnet service
– Other ski system

Fiat CR.42 w służbie szwedzkiego Flygvapnet
– Inny rodzaj nart

Scale/skala 1/72

www.kagero.eu
www.shop.kagero.pl

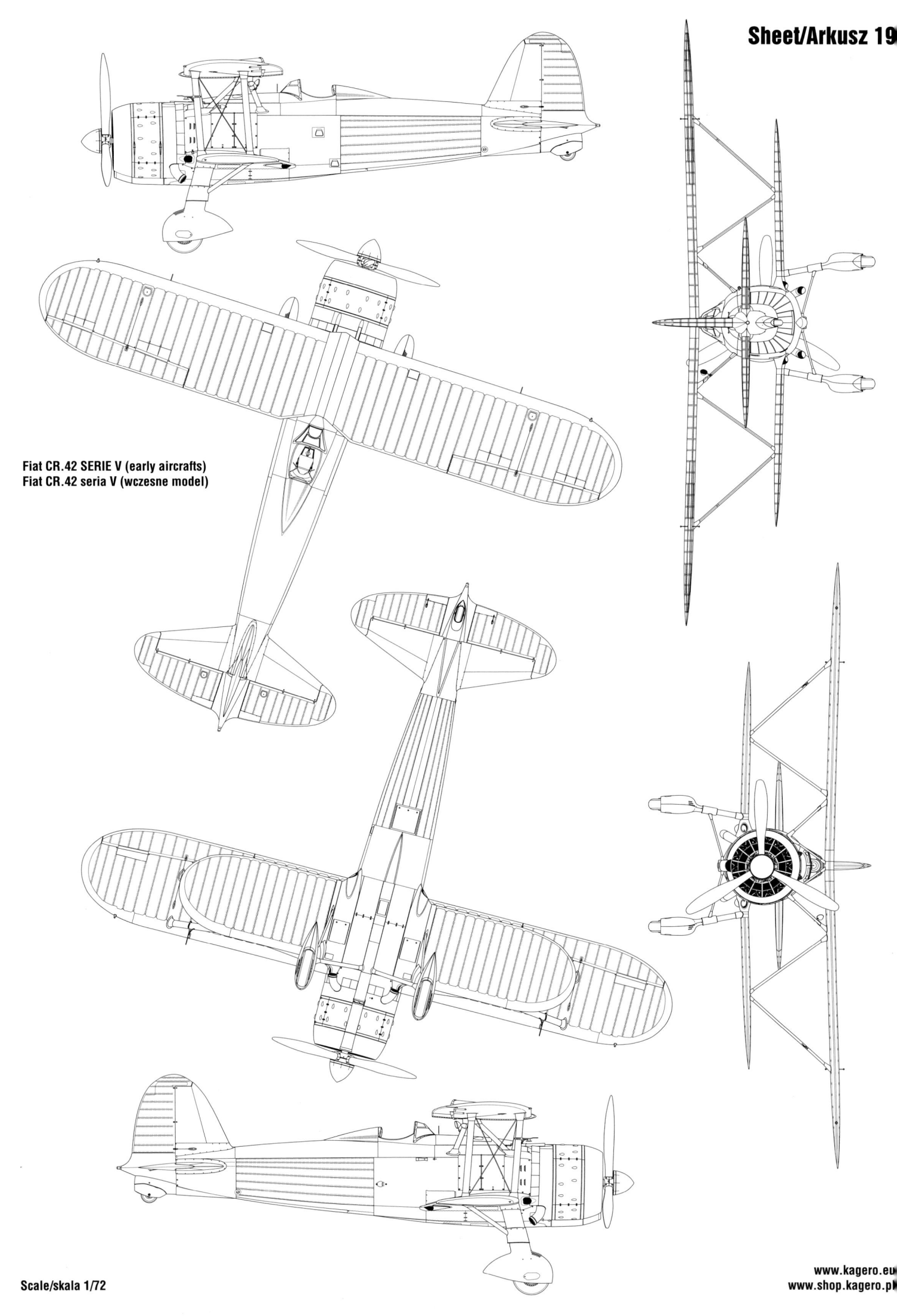